KB266798

성공코칭
온바이블

성공코칭
온바이블

초판 1쇄 발행 2012년 1월 16일

지은이 · 백기락
펴낸이 · 조병호
펴낸곳 · 도서출판 땅에쓰신글씨

주 소 · 서울시 서초구 서초3동 1475-3
전 화 · 02)525-7794 / 팩 스 · 02)587-7794
홈페이지 · www.tongbooks.com
등 록 · 제21-503호(1993.10.28.)

ISBN 978-89-85738-73-6 03230

SUCCESS as TAUGHT in the BIBLE

크리스천을 위한 성공전략!

성공코칭 온바이블

백기락 지음

땅에쓰신글씨

목차

태도 * 가치

집을 떠나야 땅 끝에 이를 수 있듯이 …

전 세계를 80일 만에 돌 수 있다는 이야기를 가지고 소설을 쓴 이가 있다. 그 소설은 많은 사람들에게 읽혔고, 영화로도 만들어졌다. 그 당시나 지금이나 이 세상을, 그것도 80일 만에 도는 게 굉장히 대단한 일이긴 한 것 같다. 이틀 정도면 지구를 한 바퀴 돌 수 있는 요즘 시대의 관점으로도 땅을 밟아가며, 사람을 만나가며 세상을 여행하는 이야기는 흥미진진할 수밖에 없는 듯하다.

과학이 발달하고, 전에 없던 신기한 도구들이 나타나면서 '땅 끝까지 이르러 증인이 되라' 하신 예수님의 지상 명령을 지키는 게 그 어느 때보다도 쉬운 시대가 아닌가, 하는 생각을 하게 된다. 비행기만 타면 단 한 번에 사도 바울이 다닌 모든 거리를 합친 것보다도 먼 거리를 이동할 수 있고, 배를 타고 바다를 건너도 웬만한 태풍을 비켜가거나 뚫고 나아갈 수 있을 정도이니 예수님 전하는 게 예전같지 않은 것처럼 느껴지는 것도 현실은 현실일 터. 그러다 보니 예수님의 지상 명령은 모두 이루어진 것처럼 느껴지는 시대라고 해도 과언이 아닐 것 같다. 그렇다면 남은 건 종말뿐일까? 이제 예수님 오시기만을 기다리며 손과 발 놀리기를 그만두어야 할까? 수많은 종말론자들이 쉼없이 주장함에도 불구하고 종말이 쉬 오는 게 아닌 걸 보면 우리가 놓친 부분이 있는지도 모르겠다. 어쩌면 우리가 '땅 끝'을 알기는 해도, 우리가 생각하는 것처럼 그 길 가는 게 쉽지 않은 건 또 다른 이유가 존재하는 게 아닐까 하는 생각을 품어볼 수도 있을 듯하다.

집 떠나는 모든 길은 어렵다

땅 끝에 이르는 길은 좀 더 편리해졌는지 모르지만, 정작 '땅 끝'이라는 세계 자체는 별로 바뀌지 않은 것 같다. 대체로 그런 곳들은 멀리 떨어져 있거나, 환경이 열악하거나, 무지하거나, 심지어 하나님의 제자들에 대한 깊은 반감이 자리잡고 있는 편이다. 그러다 보니 가는 길은 좀 더 편리해졌을지언정 그 목적지에 대한 두려움만큼은 상대적으로 달라지지 않는 게 아닐까?

분명 우리는 과거보다 더 쉽게, 더 편안하게 어딘가에 갈 수 있는 시대에 살고 있다. 비행기를 타면 지구를 이틀 만에 돌 수 있는 시대니까(사실 최신 전투기들은 공중 급유를 받으면서 하루도 채 되지 않는 시간대에 주파하기도 한다) 말이다. 그렇지만, 그런 편리함이 예수님의 지상 명령을 수행하는 데 아무 문제가 없도록 만들어 주지는 못한다. 그런 편리한 도구들이 성장한 만큼 우리의 삶을 편안하게 해주는 것들도 함께 발전했다. 편리함과 편안함의 발전은 힘든 여정을 물리적으로 덜 힘들게 만들었지만, 오히려 더 힘들게 만들 수도 있다는 생각을 해보아야 한다. 사실 우리의 삶은, 여행길의 편리함보다 매일매일 살아가는 삶을 편리하게 느끼는 데 더 익숙하다. 심리적인 면에서 본다면, 사도 바울의 시대보다도 '땅 끝에' 이르는 상대적 불편함은 더 커졌는지도 모르겠다. 게다가 여행길에 대해 분명한 진리가 하나 있는데, 바로, '집 떠나는 모든 길은 불편하다' 는 것이다.

짧은 여행을 위해 집을 떠나 보면 집의 소중함을 알게 된다. 가는 길이 아무리 포장이 잘 되어 있어도, 여행지 숙소가 아무리 편안하게 지어져 있어도 매일 만지며 느껴온 집의 편안함과 익숙함에는 언제나 거리가 있기 때문이다. 여행이 길어지거나 여행지가 조금 낯선 곳이기만 해도 이 불편함은 점점 커지기 시작한다. 덜컹거리는 도로가 문제고, 울퉁불퉁한 길이 발을 아프게 하고, 더위와 추위로 인해 몸이 힘들고, 모기나 파리는 우리를 얼마나 짜증스럽게 하는가! 그뿐이랴, 음식은 맛이 없고, 물은 깨끗하지 않고, 밤에는 불이 없어 답답하고, 낮에는 햇살이 너무 강하고, 밤에는 되려 너무 추워서 우리를 힘들게 하기도 한다. 이런 여행길을 굳이 체험할 필요가 있을까? 많은 이들이 자신들이 편안해 하는 집에서, 고향에서, 직장에서 지내는 것을 즐기는 걸 보면 사람들의 기본적인 태도는 이런 고생을 '사서 할' 필요는 없다고 말하는 것처럼 보이기도 한다.

이런 여러 이유들을 놓고 볼 때, '땅 끝까지 … 내 증인이 되라' 는 예수님의 말씀은 '말씀' 정도가 아닌 '명령' 이 아닐까 하는 느낌도 든다. 원수를 사랑하는 것이 힘든 일이기에 예수님은 굳이 '원수를 사랑하라' 고 말씀하지 않으셨던가! 땅 끝까지 이르러 증인이 되는 게 쉬운 일이었다면, 굳이 우리에게 말씀하지 않으셨을 것이다. 힘든 일이지만 옳은 일이고, 하나님이 기뻐하시는 일이기에 말씀하시고, 손수 보여주신 게 아닐까?

편안함을 버리지 못하는 우리의 마음

여행길이 힘든 건 누구나 다 안다. 집을 떠나는 게 힘들다는 걸 모르는 이가 어디 있겠는가? 그럼에도 불구하고, 많은 사람들은 수많은 이유로 여행길을 떠난다. 생각하고 싶어서 여행을 떠나고, 새로운 것을 보고 싶어서 여행길을 떠나고, 배우고 싶어서 여행길을 떠나기도 한다. 즉, 불편한 걸 알지만, 그 불편함보다 더 귀한 무언가가 있다면 기꺼이 그 어려움을 견디겠다는 의지의 표현인 셈이다. 결국 우리가 땅 끝까지 이르지 못한 데에는 여행길의 불편함을 넘어서는 더 강한 무엇이 없었다는 결론에 이르게 된다. 그 힘든 여행길을 이겨내게 해줄 당위성, 목표가 없었던 것이다. 집이 편안한 것만 알았지, 그 편안함을 놓을 만큼 강렬한 무언가를 찾지 못한 탓이다.

아무리 예수님의 명령이라지만, 우리의 마음속에서 그 명령이 살아 숨쉬지 않는다면 소용없다. 우리의 신앙이라는 건, 결국 말씀을 마음속에 간직하고, 마음속에서 다룰 수 있어야 하는 것이다. 그렇지 않고서는 힘든 여행길을 이겨내기는커녕, 편안한 집을 떠나는 것조차 힘들 수밖에 없지 않겠는가. 우리가 기도하고, 말씀을 묵상해야 하는 이유가 여기에 있다. 그 수많은 말씀들의 진정한 의미를 모르고서는 그

'명령'을 제대로 수행하는 건 불가능하기 때문이다. 곁에 두었던 성경책을 집어 들어야 하고, 말씀을 읽어야 하고, 묵상하고 '실천'하는 게 올바른 신앙인의 자세이기에, 어려움을 넘어설 수 있는 마음의 확신을 지금부터라도 열심히 훈련해야만 한다.

편안해지면 성장도 멈춘다

참 멋진 신체 조건을 가진 사람들이 늘고 있다. 이제 기본 신체 조건만 놓고 본다면, 지금 세대는 가장 뛰어난 세대라고 해도 과언이 아니다. 그렇다면 그 어느 때보다도 많은 도전이 이뤄져야 정상인데 막상 현실은 그렇지 않다. 좋은 신체 조건에, 여행길을 쉽게 만들어줄 많은 것들이 등장했음에도 도전이 줄어드는 것은, 한마디로 우리의 마음이 예전보다 연약해졌기 때문이다. 너무 풍요롭다 보니, 너무 좋은 것들이 많다 보니, 그런 것들을 포기하기가 어려워졌기 때문이고, 나아가 도전과 포기 자체를 생각하지 않는 지경에까지 이르게 된 것이다.

사실 편안함이 나쁜 것만은 아니다. 인간은 끊임없이 편안해지기 위해 노력해 왔고, 신체적, 정신적 편안함에 대한 노력 덕분에 세상이 좀 더 살 만해진 것도 사실이니까. 문제는 편안한 상태가 일정 정도를 넘어서기 시작하면 성장 역시 멈춘다는 것이다.

근육이 강인해지려면 운동이라는 고통을 경험해야 한다. 운동을 일정 정도 이상 하게 되면 근육세포들이 끊어지기 시작하는데, 그 끊어진 근육세포들이 예전의 상태가 오더라도 끊어지지 않기 위해 이전보다 더 강하게 이어지면서 근육은 단련되어지는 것이다. 오랜 달리기로 심장이 터질 것 같아도, 그런 과정을 거침으로써 우리의 심장은 같은 거리를 좀 더 쉽게 달릴 수 있도록 성장하는 것이다. 키가 크는 과정 역시 느리게 진행되어서 인지하기 힘들 뿐, 우리 몸의 입장에서는 고통 그 자체일 수밖에 없다. 어린아이들이 자라면서 성장하는 대부분이 수면 시간이라 인지하지 못할 뿐, 상당히 불편한 상태를 느끼고 거쳐야만 키가 자라고 장기가 튼튼해지는 것이다. 즉, 편안함은 고통 뒤에 찾아오는 휴식으로는 멋지지만, 편안한 상태만 존재하거나, 그런 상태를 너무 오래 지속한다면 성장은 멈출 뿐더러 되려 연약해지기까지 한다는 사실을 깨달아야 한다.

아무리 운동을 많이 한 사람도, 운동을 중단한 채 몸을 움직이지 않는다면 한 달이 채 되지도 않아 근육은 무기력해진다. 손이나 발을 다쳐 깁스를 해본 경험을 떠올려 보면 쉽게 이해할 수가 있다.

결국 우리가 의식적으로 편안함에서 떠나지 않는다면 우리의 성장은 더 이상 존재하지 않는다는 사실을 인정해야만 한다. 어쩌면 예수님께서 우리의 집, 우리의 교회를 떠나 땅 끝으로 가라고 하신 것은 우리의 신앙적 성장을 위해 주신 충고가 아닐까? 신학을 많이 공부한 어떤 목사님이 아시아의 열악한 신앙 공동체를 보면서 진정한 교회, 진정한 예배를 알게 되었다고 고백한 글이 기억이 난다.

책상에 앉아 공부하는 것도 중요하지만, 길을 걸어 새롭고 불편한 곳으로 갈 때에 그 신학이 살아 숨쉬는 것임을 깨달으신 것이다. 필자가 강의할 때도 이런 이야기를 많이 한다. "자기계발과 성공은 끊임없이 불편해지는 과정입니다."라고. 우리가 집을 떠나야 하는, 여행길에 나서야 하는 이유는 분명하다.

하나님이 주신 열정의 능력

아이들은 쉼없이, 정말 열심히 뛰어다닌다. 그런 아이들과 놀아주려면 엄청난, 강인한 체력이 필수다. 몸집은 작고, 무거운 건 못 들어도, 늘 뛰며 열정적으로 노는 건 어른들이 도저히 흉내낼 수 없다. 따지고 보면 어른들이 체력적으로 더 뛰어남에도 불구하고 아이들을 따라잡는 것은 쉽지 않다. 아이들은 끊임없이 움직이고, 걷지 않는다. 그래서 어른들은 어떻게든 아이들이 뛰지 않도록, 가만히 앉아서 뭔가를 할 수 있도록 꾀를 낸다. 그래야만 어른들이 조금이라도 편안해지기 때문이다.

아이들이 그렇게 뛰어다니는 건 체력이 어른들보다 뛰어나서가 아니다. 바로 뛰는 것에 대한 열정, 노는 것에 대한 열정이 어른들보다 월등히 앞서 있을 따름이다. 그렇게 신나게 뛰다가 정말 순간적으로 잠들어 버리는 것도, 잠을 이길 수 없는 순간까지 뛰고 노는 데 열정을 다했기 때문이다. 신나게 뛰고 노는 그 순간은 지쳐 보이지 않는 것이다.

열정은 지칠 줄 모르는 체력과 강인한 정신력을 선물한다. 지금의 나로선 국토대장정이나 극기훈련을 하라고 한다면 미련 없이 사양을 할 것 같다. 그 힘든 길을 일부러 걷겠다는 사람들이 여전히 끊이지 않는 것을 보면, 오히려 그런 행사들이 늘어나기도 하는 걸 보면 많은 사람들이 그 여정을 기대하고, 소망한다는 사실을 알게 된다. 비가 내리고, 오랜 걸음으로 발이 아파도 그들의 발걸음이 멈추지 않는 건, 완주라는 목표가 있고, 그 목표를 뒷받침하는 강한 열정이 있기 때문이다. 무언가를 향한 열정. 바로 체력을 넘어서고, 환경을 넘어서고, 편안함을 넘어서는 힘이 바로 '목표'에서 나온다는 사실을 안다면, 우리가 그간 예수님의 지상 명령을 얼마나 소홀히 했는가, 역시도 인정할 수밖에 없다.

수십 킬로미터를 행군하는 군인들 역시 마찬가지다. 아무리 운동을 한다 하지만, 잠을 이겨가며 수십 킬로미터를 수십 킬로그램의 짐을 메고 가는 게 결코 쉬울 리가 없다. 그때마다 지휘관들은 같은 이야기를 한다. 정신력, 정신력, 정신력! 며칠을 잠자지 않고 견뎌내는 해병대원들 역시 체력이 아닌 정신력으로 그 과정을 이겨낸다. 열정은 그런 것이다. 우리가 눈에 보이는 근육에 의존한다면, 결코 그런 과정들을 견뎌낼 수가 없다. 물론 젊다면, 체력이 뛰어나다면 그 길이 상대적으로 쉽긴 하겠지만, 인생의 고난을 살펴보면 젊은이들보다는 장/노년분들이 훨씬 의연하게 대처하는 것도, 삶을 살아가는 데 있어 체력만이 전부가 아니라는 것을 깨닫게 해준다.

하나님의 나라를 세상에 임하게 하는 소망, 하나님의 말씀을 세상에 전하려는 소망, 하나님의 사랑을 이웃에게 체험케 해주고픈 소망까지. 이런 소망에 대한 열정이 가득하다면, 그 소망에 대한 열망이 가득하다면 우리는 편안함을 뒤로한 채 불편한 여정을 나설 수 있게 된다.

편안할 때는 다음 여행을 준비할 때

잠자기 위해 일하는 사람은 아마 없을 것이다. 잠은 어디까지나 일을 잘하고, 세상을 잘살기 위해 필요한 과정이다. 맛있는 밥을 먹는 것 역시 잠을 자는 것처럼 세상을 잘살기 위해 꼭 필요한 과정이다. 가정에서 행복해하고, 교회에서 평안해질수록 우리는 세상을 잘살 수 있는 힘을 얻게 된다. 편안함은 언제나 새로운 여행을 위한 준비의 과정이다.

부모님의 도움으로 수십 년을 자랐다면, 이제 사회의 일원으로 새로운 가정을 이루고, 사회의 한 구성원으로서의 역할을 해야 한다. 얼마나 멋지게 살아가느냐에 따라 부모님이 얼마나 잘 키워 주셨는가를 보여주는 계기도 될 수 있고, 그 가정이, 그 교회가 얼마나 잘 준비시켰는가를 보여줄 수 있다.

누군가의 도움으로 평온했던 시기가 인생의 모든 걸 결정짓는 시기는 아니지만, 그 시기를 어떻게 보냈는가의 여부에 따라 미래의 인생을 위한 정말 소중한 준비의 시간이 될 수 있음은 분명하다. 그 시간 동안 우리는 공부하고, 새로운 분야에 관심을 갖고, 새로운 여행을 통해 안목을 넓힐 수 있다. 실제 경험은 무언가를 배울 수 있는 가장 좋은 방법이기도 하다. 따라서 배우고 경험하는 것을 활용해서 하나님이 주신 삶을 어떻게 살아가야 하는지를 점점 명확히 깨닫는 것은 무척 중요하다.

의외로 많은 사람들이 하나님이 자신에게 주신 사명을 깨닫지 못해 괴로워한다. 하나님은 성경을 통해서도 전달하시고, 계시를 통해서도 전달하시지만, 경험을 통해서도 자신의 뜻을 보여주신다. 매 순간 하나님의 의중을 읽어내는 관심과 노력이 있다면, 숨 쉬는 것에서도, 일하는 것에서도 하나님의 뜻을 읽을 수 있으리라 생각한다. 하나님의 뜻이 명확할수록 우리는 매 순간 더 집중할 수 있고, 주변의 유혹을 피할 수 있다. 그런 점에서 편안할 때 어떻게 보내는지에 따라 중요한 순간에 얼마나 역량을 발휘하는지가 결정되는 셈이다. 훌륭한 선수일수록 경기가 없을 때 치열하게 준비한다. 그들처럼, 우리도 쉼의 기간을 그렇게 보내야만 한다.

도전 그리고 열정

　도전이라는 단어가, 열정이라는 단어가 젊은이들만을 위한 단어라고 단정할 수 없다. 하지만 젊은이들에게 어울리는 단어인 건 분명하고, 실제로 젊을수록 그런 단어들을 쉽게 말하는 게 현실이기도 하다. 중요한 건, '젊음'은 나이가 아니라 생각이 결정한다는 것이다. 수많은 사람들을 만나보면, 나이가 많을수록, 가진 게 많을수록 도전은 상대적으로 힘들어지기는 해도, 나이를 넘어 더 젊고 더 열정적으로 살아가는 사람들을 많이 만나게 된다. 도전은 불편하고 고통스러울 수 있지만, 그런 도전을 통해 우리는 단련되고 성숙해진다. 이를 알기에 부단히 노력하고, 도전하는 이들이 점점 늘고 있다. 또한 수많은 신앙의 시험을 통해 단련을 받을수록 우리의 신앙은 더욱 굳건해지기에, 도전은 우리의 특권이자 무기라 할 수 있다.

　열정으로 무장한, 잘 준비된 영혼의 힘은 대단히 큰 역할을 한다.

사도 바울 역시 잘 준비된 영혼이었다. 그런 이들이 하나님의 뜻을 따라 도전의 여행을 떠날 때, 하나님의 기적은 현실이 될 수 있다. 하나님은 준비된 영혼을 통해 하나님의 뜻을 펼쳐 나가신다. 내가 소중하게 쓰임 받는 영혼이 될 수 있는 영광을 누릴 수 있다면 얼마나 행복할지 생각해 보자.

필자는, 여러분이 소망과 그 소망에 대한 열정을 품는다면 언젠가 그 소망은 현실이 될 수 있을 거라 확신한다. 매일, 매 순간 우리가 무엇을 해야 할 것인지는 분명하다. 더는 평온함에 머무르지 말고, 그 평온함 속에서 도전을 향한 열정을 품고, 준비하며 전진하길 진심으로 소망한다. 지금은 그런 열정의 영혼, 도전의 영혼이 필요한 때이다. 무엇보다도, 하나님이 사랑하는 이 세상을 위해, 이 세상의 영혼을 위해 땅 끝까지 여행을 떠나는 영혼들이 필요한 때이다.

하나님을 오해하기

이야기 하나. 인도 우화 중에 '장님과 코끼리'라는 이야기가 있다. 6명의 장님이 코끼리를 만졌는데, 코를 만진 장님은 뱀이라고 하고, 귀를 만진 장님은 부채, 다리를 만진 장님은 나무라고 얘기했다고 한다.

이야기 둘. 내가 처음 기독교를 알게 된 것은 중학교 1학년 때 만난 도덕 선생님 '때문'이었다. 그분은 1992년에 선택받은 사람들이 천국으로 올라갈 거라는 '휴거설'을 신봉하시는 분이었다. 문제는 그분의 믿음으로 인해 도덕 시간마다 우리는 세상의 종말에 대한 이야기를 들어야 했고, 늘 공포에 떨어야 했다. 그 공포는 급기야 나의 종교를 바꾸게 만들었는데, 우리 집안은 독실(?)한 불교 집안이었고, 난 그 집안의 장남이었기에 결코 쉽지 않은 결정이었다. 하지만 어쩌겠는가, 심판의 하나님을 피하려면 집안의 종교를 따질 상황이 아니었던 것을 ….

지금 생각해 보면, 대구 계성고등학교에 진학한 것은 하나님의 섭리라는 생각이 든다. 나는 중3 시절을 거의 마칠 때쯤에 신앙생활을 시작했는데, 그 계기가 지금의 '이단' 신앙이었기에 어떤 결말을 맞이할지 알 수 없는 상태였다. 그런 내가 미션스쿨 고등학교에 진학하고, 올바른 신앙관을 가진 친구의 권유로 올바른 교회에 나갈 수 있었던 것은 분명 하나님이 나에게 뭔가 큰 계획을 갖고 계셨고, 그 계획을 위해 나를 보살펴 주신 것이라는 생각이 들기도 한다.

하지만 고등학교를 잘 진학했다고 해서 나의 신앙이 항상 올바른 상태에 있었던 것은 아니었다. 처음 하나님을 알게 된 계기가 워낙 공포 상태여서 그런지 몰라도 고등학교 생활 내내 나의 머릿속에선 '심판'이란 단어가 떠날 줄을 몰랐다. 그러던 중 성경 읽기에 깊이 빠졌는데, 고2 생활을 하는 일 년 동안 성경책을 다섯 번이나 읽게 되었다. 그 후에 내린 하나님에 대한 나의 결론은 '하나님은 심판하시는 분'이라는 것이었다. 그 결론은 그 이후 십수 년 동안의 신앙생활에 영향을 미쳤는데, 나는 끝없이 죄에 대한 처벌과 멸망에 대한 공포로 고통 받아야 했다. 차라리 하나님을 모르고 살게 놔둘 것이지 왜 하나님은 나를 어정쩡한 상태로 두시는지 알 수가 없었다.

급기야 대학을 그만두고 사회생활을 시작하면서 맞이한 사업의 실패와 세상의 멸시는 나의 정신 상태를 거의 공황으로까지 가게 만들었다. 그럼에도 하나님은 나를 하나님의 품에서 완전히 멀어지도록 두지 않으셨다. 오히려 '하나님의 말씀을 세상의 언어로 전하는 전도자가 되겠다!'는 사명까지 갖게 해주셨는데, 돌이켜보면 그런 사명을 갖게 된 시점도 처음 신앙생활을 하던 때부터였던 것 같다. 그렇지만,

최근처럼 강하게 느낀 적은 별로 없었다. 하나님은 사업가로서의 삶은 허락하지 않으셨다. 적어도 내가 가진 재능을 사업의 영역에 쓰려할 때 도와주시기보다는 이런 저런 방법으로 막으려 하셨기 때문이다. 그러다 강사가 되고, 세상의 학문을 사람들에게 전하면서 성경은 나에게 새로운 의미로 다가오기 시작했다.

그런 상황에서 다시 성경을 읽기 시작했고, 충격적인 사실을 알게 되었다. 하나님은 내가 알던 것처럼 '심판하시는 분'이 아니라 '용서하시고 사랑하시는 분'이라는 것이다. 결국 나는 인정할 수밖에 없었다. 바로 내가 장님처럼 하나님을 만지고 있었다는 사실을 ….

이 세상을 창조하신 분이 하나님이심을 믿는 건 그리 힘들지 않다고 한다. 인간이란 존재는 차라리 엄청난 사실에 직면할 때 그 사실을 완전히 외면하든지 아니면 완전히 신뢰하는 게 오히려 쉬운 것 같다. 그러나 어줍잖은 지식으로 무장하여 무언가를 탐구하기 시작하면 상황이 완전히 달라진다. 자신이 세운 논리의 기반 위에서 완전한 신뢰를 하지 않는 이상, 어떤 '사실'도 받아들이려 하지 않게 된다. 10대 후반에 다섯 번의 성경 읽기를 통해 내린 하나님에 대한 결론이 바뀌기까지 자그마치 15년이라는 시간이 필요했던 나를 한번 보라. 십자가를 지신 예수님만 우리를 사랑하시는 게 아니라, 그 십자가를 독생자에게 지우신 하나님도 끊임없이 우리 인간을 사랑하신다는 사실을 깨닫기까지 무려 15년이 걸렸다니 놀랍지 않은가?

더욱 어처구니없는 것은 시간이 지나면 지날수록 나는 하나님에 대한 무지를 점점 많이 깨닫고 있다는 것이다. 그러면서도 나는 누군가 앞에 서야 하고, 누군가에게 무언가를 아는 체해야 한다는 사실이 힘들고 고통스럽기까지 하다. 어쩌면 믿음의 장님 상태로 하나님을 나의 입장에서 만지고 있는 게 아닐까 하는 생각이 든다. 그래서 지금도 수만 가지 오해로 하나님을 알고 있는 건 아닌지 두렵기도 하다.

하나님은 사랑이시다. 하나님은 창세부터 지금까지 줄기차게 인간을 사랑하셔서 인간의 죄를 용서해 주기 위해 애써 오셨다. 그 용서의 조건도 점점 쉬워졌다. 그러나 인간은 끊임없이 타락해 갔고, 그러면서도 인간은 하나님을 오해하며 배척해 가고 있다. 나도 그랬고, 우리 모두가 그랬고, 지금도 그러고 있다. 더욱 놀라운 것은, 우리는 이 세상의 지식을 창조하신 하나님을 배울 생각도, 알아갈 생각도 하지 않으면서 하나님을 알게 해달라고 기도하고, 떼쓰고, 노력하는 척하기까지 한다는 것이다. 무엇이 우리를 그렇게 만든 것일까? 어쩌면 우리가 믿음의 장님이 되어 우리가 만진 느낌만으로 하나님을 아는 체하는 건 아닌지 모르겠다.

이제 우리는 하나님을 하나님 그대로 만나는 훈련을 해야 한다. 그러기 위해서는 특별히 성경을 가까이, 깊이 배울 필요가 있다. 그래서 성경에서 말하는 하나님의 모습을 성경 저자가 이야기하는 대로 받아들이고, 하나씩 구체화하는 과정이 필요하다. 성경을 접하면서도 오직 나만의 관점으로 읽으려 한다면 아마도 우리는 평생 동안 성경을 본다 해도 하나님을 제대로 알지 못할 것이다. 하나님은 당신이 단 한 번도 변하신 적이 없는 존재임을 우리가 알기 원하신다. 변했던 것은 하나님에 대한 우리의 마음이었고, 하나님에 대한 우리의 생각이었으며, 하나님에 대한 우리의 시각이 아니었을까? 사실 우리의 생명이 다

하는 날까지 하나님에 대해 완전히 이해하는 건 불가능할 것 같다. 그러나 그것은 그다지 문제가 되지 않는다. 우리의 생명이 다하는 날까지 하나님을 제대로 찾으려 하는 사람은 분명 하나님이 거하시는 천국에서 하나님을 제대로 만나게 될 테니까.

앞으로 나 자신이 어떻게 하나님을 알아갈지 확신할 수는 없지만, 다음처럼 고백할 수 있게 되기를 기도해야겠다. '하나님을 오해하던 제가 하나님의 말씀에 대한 이해를 통해 하나님이 사랑이심을 알게 되었습니다.' 라고 ….

예수님이라면 어떻게 하실까?

　필자의 남은 평균 수명을 계산해 본 적이 있다. 90세 중반까지 살수 있다는 결과가 나왔다. 중간에 사고를 당하거나, 병에 걸리거나 하면 짧아지겠지만, 통계적으로 볼 때 그렇다고 한다. 아직 젊은(?) 필자에겐 무려 60년이란 긴 시간이 남아 있는 셈이다. 길어서 좋긴 한데, 갑자기 '너무 길게 남은 거 아냐?' 라는 생각도 들었다.

　아무튼 60년이든 10년이든 시간이 남긴 남은 셈이니 그 시간을 어떻게 보낼 것인가는 누구에게나 중요한 문제이다. 자기계발을 주업으로 삼고 있는 필자에게도 그건 정녕 쉬운 질문이 아니다. 자신이 무엇을 할 것인가를 몰라 얼마나 많은 사람들이 전문가를 찾고, 전문 교육을 찾고, 컨설팅을 받는지 …. 필자 역시 그런 이들로부터 자유로울 수 없는 직업을 갖고 있다 보니 자주 다음과 같은 질문을 받는다.

　"제가 뭘 하면 좋을까요?"

자신의 인생에 대해 가장 잘 알고 있는 사람은 바로 '자신' 이다!

살면서 우리는 수많은 선택을 하며 살아간다. 그 선택을 놓고 고민도 하고, 노력도 하고, 발버둥도 쳐보지만, 항상 그 선택이 우리가 원하는 결과를 가져다주는 것은 아니다. 원하는 선택을 하고, 원하는 결과만 얻는다면야 우리 인생이 얼마나 쉽겠는가? 그런 게 삶이라면 필자 같은 사람은 어쩌면 존재하지 않을지도 모를 일이다. 아무튼 선택이란 것은 우리 인생에서 가장 중요한 단어 중 하나임이 분명하다.

그러나 선택을 하려면 선택할 수 있는 '뭔가' 가 필요하다. 배가 고파야 밥을 먹을까, 라면을 먹을까 선택하고, 몸이 아파야 병원에 갈까, 한의원에 갈까 고민을 하는 것처럼 선택 이전 단계에, 우리가 흔히 놓치는 단계가 분명 존재한다. 필자는 이 단계를 '인식' 이라고 부른다. 우리가 '인식' 단계를 어떻게 거치느냐에 따라 선택은 하늘과 땅만큼의 차이가 나기도 한다.

자기인식

인식 단계의 핵심은 누가 뭐래도 자기인식이다. 이걸 '내면의 소리 찾기' 라고 부르는 이들도 있고, '성격 분석' 이라고 부르는 사람도 있고, '기질의 차이를 아는 과정' 이라고 부르는 사람도 있다. 대충 수 개에서 수십 개의 형태로 나뉘는데, 어느 방법을 쓰던지 간에 목표는 자신에 대해 분명하게 아는 것이다. 누가 뭐래도 자신의 삶에 대한 전문가는 자기 자신이다. 이 부분은 사람들이 흔히 놓치는 부분이기도 하다. 그러다 보니 자신의 삶의 인지에 대해 너무도 쉽게 남에게 의지하는 경우가 많다.

　필자가 운영하는 과정 중에 STAR College라는 3년짜리 코스가 있다. 이 과정을 운영하다 보면 참가자들과 자주 만나게 되는데, 적어도 1년 정도 주 1회쯤 만나 보아야 그 사람에 대해 제대로 알게 된다. 즉 1년은 지나야 필자의 전문 지식이 그 사람에게 맞게 적용되기 시작한다는 것이다. 따라서 필자를 만난 지 얼마 되지 않아 "저는 어떤 것 같나요?", "제가 뭘 해야 하나요?", "제 강점이 뭔가요?"라고 물어본들 정확한 답변을 듣는 것은 포기해야 한다. 적어도 1년 정도는 만나서 필자에게 알 기회를 주지 않고선 말이다. 더욱이 1년이라는 시간도 매주 만날 때나 가능한 이야기이다. 보통은 2~3년은 지나봐야 한 사람에 대해 어느 정도 명확한 이해가 가능해진다. 그래서 주변에 사람들이 많아도 주변 사람들로부터 적절한 조언을 듣지 못하는 이유는, 현대인들이 생각보다 자주 만나거나 오래 만나는 데 투자를 하지 않기 때문이다.

　일기를 쓰는 것은 매우 좋은 습관이다. 자신에 대해 기록을 남긴다는 것은 스스로를 좀 더 명확하게 아는 자료를 쌓아두는 것이기 때문이다. 그런데 요즘 하루를 정리하며 매일 밤 노트에 일기를 쓰는 사람은 많지 않은 것 같다. 필자도 마지막 일기를 써본 게 고등학교 2학년 때였던 것 같다. 머리가 커지면 일기 같은 건 왠지 초라해 보이고, 어린 애들이나 하는 것처럼 느껴지기도 한다. 그렇지만 과거의 일기와 비교할 때 형태는 다를지 몰라도 사실 우리는 매일 일기를 쓰고 있다. 바로 다이어리/플래너로 불리는 도구에다 자신의 삶을 기록하고 있기 때문이다. 그래서 그런 다이어리/플래너라도 잘 모아두면 자신의 삶을 추적하고, 자신에 대해 이해하는 데 도움을 받을 수 있다.

필자는 남들이 '아니다' 라고 말하는 일들에 도전하는 걸 좋아한다. 그 과정이 무모하기도 하고, 힘들기도 하지만, 그 일을 해냈을 때 얻는 감격이란 그 무엇과도 비교하기가 힘들기 때문이다. 게다가 필자는 하나님이 주신, 웬만한 어려움을 어려움으로 잘 느끼지 않고, 어려움을 겪어도 잘 망각하는 놀라운 능력까지 가지고 있다. 하나님께서 필자에게 범상치 않은 일을 시키시려고 이렇게 독특한 능력을 부여하신 게 아닌가 싶을 정도이다. 아무튼 이런 필자도 못하는 게 하나 있다. 바로 세상을 통째로 바꾸는 것이다. 세상에 흔적 하나 남기는 건 가능할지 몰라도 세상을 바꾸는 건 필자뿐 아니라 인간 혼자만의 힘으로 할 수 있는 것은 분명 아니다.

그럼에도 불구하고, 세상이 바뀌지 않는 한 결코 이뤄지지 않을 일을 가득 계획해 놓은 사람들이 있다. '현대 성공학의 폐해' 라고 부르기도 하는데, 너무 긍정적이고 너무 열정적인 이들 중 상당수가 세상의 많은 부분을 바꾸겠다고 마음먹은 이들이다. 그런 사람들을 보면, "정신 차리세요." 라고 말하고 싶어도 그러기가 쉽지 않다. 또한 충고란 가까운 관계가 아니면 하기 힘든 것이기도 하고 말이다.

세상의 한 가지 부분을 바꾸기 위해 평생 노력하는 건 의미가 있을 수 있다. 하지만 세상의 여러 부분을 혼자 바꾸겠다고 도전한다면, 그 도전은 많은 노력과 자원을 무용지물로 만들기 딱 좋다. 세상을 보다 현명하게 살고 싶다면, 세상 돌아가는 이치를 보아가면서 거기에 맞춰 자신을 개발하는 편이 훨씬 성공 확률이 높다.

미래인식

　현 시점에 불가능한 일이 있다고 해서 마냥 포기하거나 손놓을 필요는 없다. 적어도 자신이 노력한다는 전제하에 부족한 것을 채우고 보완해 간다면 언젠가는 자신의 목표를 이룰 수 있기 때문이다.

　무엇보다 세상은 변하고 있다. 현재는 불가능하더라도 미래엔 가능한 일들이 얼마든지 있다. 그중에는 노력과는 무관하게 세상의 변화 덕분에 가능해질 일들도 존재한다. 그런 것들을 예측해 낸다면 우리의 노력을 좀 더 효과적으로 해나갈 수 있게 된다.

　문제는 미래를 예측한다는 것이 결코 만만한 주제가 아니라는 것이다. 앨빈 토플러 같은 지혜가 우리에게 있다면 좋겠지만, 공부의 양이나 두뇌 역량이 평범해서는 거의 불가능한 일이기 때문이다. 지적으로 그렇게 쟁쟁한 사람들이 서브프라임(Subprime)을 예측 못하는 걸 보면, 미래 예측은 분명 쉽지 않은 일일 것이다. 그래도 포기하는 것보다는 노력하는 게 좋다. 단 하나라도 맞추게 되면 대박을 터트릴 지도 모를 테니 말이다.

　그래도 우리는 우리 자신을 잘 알지 못하는데 ….

　그래 좋다. 자기인식도 좋고, 환경인식도 좋고, 미래인식도 다 좋다. 그런데 그런 부분에 노력을 기울이면 정말 우리가 어떤 선택을 하더라도 최고의 선택을 할 수 있는 것일까? 그런 노력을 기울이면 우리의 '인식' 능력은 완벽해질까? 단언하긴 힘들지만, 필자의 개인적인 경험과 관찰에 비추어 볼 때, 그 정도로는 완벽하지 않다. 아니, 인간이라는 존재에게 완전한 인식이란 어쩌면 불가능한 것인지도 모른다.

게다가 세상의 주인은 우리가 아닌 하나님이시고, 완전한 하나님을 불완전한 인간이 완벽하게 이해하는 게 어떻게 가능하겠는가? 앞서 언급한 노력을 부인할 수는 없겠지만, 우리에겐, 적어도 크리스천에 겐 두 가지 질문을 더 던져야 할 필요가 있다.

예수님이라면 어떻게 하실까?

매 순간 우리는 선택의 상황에 직면하게 된다. 그 선택이 좋은 것과 나쁜 것, 완벽한 것과 불완전한 것으로 나뉘어져 있다면 선택이 어려울 리 없겠지만, 대부분의 선택은 구분하기가 정말 애매하다. 그래서 우선순위가 높은 일을 먼저 하라는 원칙을 안다 해도 매 순간 이를 적용하여 선택한다는 것은 결코 쉽지 않다.

이때 등장할 만한 질문이 바로 '예수님이라면 어떻게 하실까?' 이 다. 이 질문은 우리 삶에서 정말 강력한 영향력을 발휘하는 질문이며, 놀랍도록 정확한 선택을 가능케 해주는 질문이기도 하다.

예수님은 공생애 기간 동안 인간들로부터 수많은 시험을 당하셨다. 사탄의 시험도 이기신 예수님이 그깟 인간들의 시험을 이기지 못하실 리 없다고 간단하게 넘어갈 것들이 아니다. 만일 우리 자신이 그런 질 문을 받았더라면 어땠을까 하는 생각으로 성경을 읽기 시작하면 하나 님의 지혜로 충만한 예수님의 답변은 정말 놀랍기 그지없다. 그런데 예수님의 답변은 거기에 하나 더 강력한 효과가 있다. 의외로 그 답변 이 간단하다는 것이다. 그래서 필자는 '예수님이라면 어떻게 하실까?' 라는 질문을 종종 던지곤 한다.

이 질문의 '단점'이라면, 답을 너무 잘 알지만 그 답을 실천하기가 만만치 않다는 것이다. 우리가 성경을 알고, 하나님을 알아간다는 것은, 우리가 그 인식을 받아들이겠다는 의지를 전제하고 있다. 그런데 막상 제대로 인식을 하고 나서 받아들이기가 너무 힘든 경우가 있다. 상대가 철천지원수인데 용서하는 게 그렇고, 당해서 억울한데 오른뺨까지 내밀라는 것도 그렇다. 이렇게 저렇게 다른 이해를 시도해 본들 답은 뻔하다. 예수님의 명쾌함을 따르지 못한다면 우리는 크리스천이길 포기해야 한다. 결국 이리저리 몸부림쳐도 답은 하나, 예수님이 하시는 대로 따르는 게 좋다. 그런 점에서 예수님은 논리주의자를 좋아하지 않으셨다. 덕분에 필자같이 미루기 좋아하고 따지기 좋아하는 사람들은 예수님의 사랑을 좀 덜 받지 않을까 하는 엉뚱한 고민도 종종 한다.

하나님이 원하시는 것은 무엇일까?

자기계발/성공학을 좇다 보면 돈 많고, 명예롭고, 승진을 하는 게 진리이고, 성공인 것처럼 보인다. 지금도 수많은 성공학자들이 그렇게 얘기하고 있으니 그렇게 믿는 것도 어쩌면 당연한 것처럼 느껴지겠지만, 가끔 이게 아닌데 하는 이상한 느낌이 들곤 한다면 마지막 질문을 던질 때가 온 것이다.

하나님이 지구상에 70억 인구를 제각각으로 만드신 이유는 70억 사람 개개인에게 뭔가 목적이 있으셨기 때문이다. 우리는 성격 유형

같은 것으로 분류하기에는 달라도 너무 다르다. 하나님의 계획하심이 아프리카 사람에게도 있고, 미국 사람에게도 있고, 우리나라 사람에게도 있다. 정확하게 표현한다면 나를 비롯한 한 사람 한 사람마다 하나님의 계획하심이 있고, 우리는 그 계획하심에 따라 지음 받았다. 그렇다면 하나님의 뜻을 아는 게 정말 중요하지 않을까?

하나님의 뜻을 아는 것, 그리고 그 뜻에 순종하는 게 얼마나 큰 행복인지 알기 시작한다면, 우리 인간의 자아로 시작되는 소망들이 얼마나 부질없는 것인지 알게 된다. 아직도 우리 개개인의 욕심에 마음이 끌린다면 우리는 분명 하나님이 주신 내 인생의 '사명'을 깨닫지 못했을 가능성이 매우 높다. 세상에, 천지만물을 창조하신 하나님께서 '나'를 만드시고 거기에 '나'를 위한 계획, '나'로 인한 계획을 세우셨다니 얼마나 감격할 일인가. 대기업 말단 사원이 최고경영자나 회장으로부터 "자네를 위한 계획을 세워 두었네."라고 이야기를 들을 때 화를 낼 신입사원이 있겠는가? 그 계획에 따라 열정을 다해 순종하고 따르지 않겠는가? 그런데도 우리는 그저 우리가 하고 싶은 일을 다 하는 것이 가장 좋은 선택이라고 반복해서 세뇌당하고 있고, 그것을 좋게 여기고 있으니 통탄하지 않을 수 없다.

매 순간 우리는 제대로 선택하지 못해 방황하고 있다. 훌륭한 선택을 통해 자신의 온 열정을 바쳐보고 싶어 하는 사람들이 세상에 가득하다. 그들은 오직 하나, 일생을 다해 달려갈 좋은 선택이 뭔지 모르겠다고 한탄하고 있다. 그렇다면 좋은 선택을 위한 명확한 인식에 투자를 해야 하지 않을까? 그럼에도 우리는 우리 자신에 대해, 이 세상에 대해 이해하려는 노력이 얼마나 중요한지 모르고 있다.

지금부터라도 시작하자. 창세기를 펼치고, 1장을 이해하려고 노력하자. 그리고 흐르고 흘러 하나님이 우리 자신에 대해 어떤 목표와 계획을 갖고 계신지 고민하자. 하나님의 계획하심이 명확하다면 십중팔구 당신은 쾌재를 부를 것이다. 명확한 인식 후에 훌륭한 선택을 하는 것은 어려운 게 아니다. 더 나은 삶을 살고 싶은 당신에게 필자가 줄 수 있는, 간단하면서도 중요한 조언은 바로 '명확한 인식' 이다.

4

내게 능력 주시는 자 안에서

생생하게 꿈꾸면 이루어진다고?

성공학을 연구하다 보면 상상력, 비전 같은 우리 내면의 힘이 매우 중요하다는 결론에 이르게 된다. 생각할 시간이 있는지의 여부, 기왕이면 어떤 생각을 하는지, 그 생각을 얼마나 자주, 생생하게 하는지에 따라 우리 삶에 많은 변화가 이뤄진다고 이야기한다. '변화' 자체만 놓고 본다면 정말 많은 변화가 이뤄지는 건 사실이다. 문제는 그 '변화'가 바라는 대로 이뤄지는 것은 아니라는 데 있다.

나의 경험

1999년에 첫 사업을 시작하면서 필자가 세운 목표는 '경험'이었다.

IMF로 인해 나라 전체가 충격에서 헤어나오지 못하는 동안, 더 이상 대학의 미래가 순탄치 않을 것이라 생각한 필자는 '창업'이라는 새로운 길로 눈을 돌리게 되었다.

하지만 과정은 순탄치 않았다. 약 5년여 동안 많은 돈을 잃었고, 많은 이들에게 피해를 주게 되었다. 세상은 나를 향해 손가락질을 했고, 어쩔 수 없이 고향마저 등져야 하는 지경에 이르게 되었다. 그 과정 속에서 하나님을 향해 울부짖은 것도 한두 번이 아니었다.

그러다가 주변 사람들의 권유로 '강의'라는 걸 하게 되었다. 처음엔 그냥, 어쩌다 한번 요청받은 거라고 생각해서 그다지 큰 기대 없이, 제대로 된 준비도 없이 강단에 섰다. 그러나 필자의 생각과는 달리 그날의 경험은 충격적이었고, 필자의 삶의 방향을 '강사'라는 길로 이끄는 결정적인 계기가 되었다.

사람들은 지금도 묻곤 한다. 어떤 계기로 그렇게 플래너를 쓰기 시작했고, 어떤 이유로 책을 그렇게 읽기 시작했으며, 어떻게 그런 인맥관리 기법과 시간관리 기법 등을 그토록 '젊은' 나이에 할 수 있었느냐는 질문이다. 모든 질문에 어떻게 답했는지 기억은 잘 나지 않지만, 크게 다음의 답변에서 벗어나진 않았다. '그냥 그렇게 하게 되었습니다.'라고 ….

이 세상에 '그냥' 이루어지는 건 없다!

얼마 전의 일이었다. 생각하기를 즐기는 필자가 다시 그 질문에 대해 곰곰이 생각을 하게 되었다. '그래, 그 많은 걸 그냥 하다니, 그것도 고등학생 때, 참 신기하단 말이지.' 라며 생각을 하다가 '아~!' 하는 대목이 나타났다.

앞에서도 언급했듯이 바로 중학교 3학년 어느 겨울의 이야기이다. 1학년 때 한 선생님으로부터 접한 휴거론 중심의 이단 종교 기독교(그땐 그랬다) 덕분에 골수 불교 집안의 장남인 필자는 오직 살아남기 위해 - 생각해 보라, 중학생이 휴거론을 가슴 깊이(?) 접했을 때 자신이 할 수 있는 대안이 몇 개쯤 있겠는가? - 기독교로 혼자 개종하기에 이른 것이다.

물론 D-Day에 그 '일'은 이루어지지 않았다. 그러나 필자가 하나님을 향해 무릎 꿇던 그날부터 필자에겐 변화가 생기기 시작했다. 우선 전교생들 중에서 독특하게도 몇 명만이 배정받는 학교로 배정받았던 것이다. 한강 이남에서 가장 역사가 깊다는 '계성고등학교' 였다. 물론 미션스쿨이다.

그곳에서 1학년 때부터 학교 신문기자로 찍혀 선생님으로부터 반강제적으로 글쓰기 훈련을 받았다. 그 과정에서 취재를 위해 다이어리를 사용하기 시작했고, 원래 놀기를 좋아하는지라 좀 더 놀고 싶은 마음에, 한정된 시간에 보다 많은 공부를 제대로 하는 방법을 찾으면서 새로운 독서법을 계발하기 시작했다. 정말이지 채 1년도 되지 않은 시기에 일어난, 정말 '그냥' 일어난 그 선택들이 지금 필자의 경쟁력이 되었다니 정말 놀랍지 않은가? 이 세상 모든 지식을 주관하시는 하나님이 왜 필자에게만 유독 그런 능력을 주셨겠는가? 학교 신문 기자가 필자 하나만도 아니었고, 미션스쿨에 다닌 학생이 필자 하나만도 아니었는데 말이다.

깨달은 것은 하나님이 필자에게 '그렇게' 하셨다는 것이었다. 필자가 무릎 꿇는 그 순간, 하나님은 신앙생활을 시작할 수 있도록 미션스쿨로 인도하셨고, '하나님의 말씀을 세상의 언어로 전하는 전도자로 삼기 위해' 각종 자기계발 도구를 일찌감치 쓰도록 만드셨다는 것이다. 하나님의 인도하심이 아니고서는 이루어질 수 없는 일이었다.

내게 능력 주시는 자 안에서 생각해 보자

지혜의 하나님이자 만물을 창조하시고 주관하시는 하나님이시다. 공중의 새도, 들의 풀 하나도 모두 먹이시고 입히시는 하나님이시다. 하물며 우리 인간에게 그보다 수십, 수백, 수천 배 더하지 않으시겠는가? 너무 넘치는 능력을 주시다 보니 사람은 정말 별의별 생각, 행동을 할 수 있는 능력을 가지게 되었다. 그리고 그 능력을 바탕으로 별의별 일을 다 만들어내고 도전하기 시작했다. 하지만 하나님이 우리를 만드실 때 무언가 '계획하심'이 있으실 거라고 생각지 않는가?

필자가 강의를 하면 할수록 가진 의문, 즉 '우리에게 주어진 능력 중에서 꿈꾸는 능력, 도전하는 능력이 하나님 보시기에 악하거나 그리 바람직하지 않다면 하나님은 어떻게 생각하고 행동하실까?' 하는 의문은 점점 증폭될 수밖에 없었다. 그 결과 내린 결론은, 하나님은 당신이 세우신 계획 속에서 사람에게 '자유의지'를 주셨다는 것이다.

적어도 우리가 가야 할 길이 아니면 최소한 막으심이 있을 수 있고, 우리가 가야 할 길을 갈 때에는 보이지 않을지라도 하나님의 권능의 팔이 우리를 강하게 밀어주신다는 것이다. 즉, 우리 마음속에 수많은

'꿈'이 있을지라도 그 '꿈'이 하나님의 능력과 계획하심 안에서 얼마나 의미 있는가를 묻지 않은 채 뛰어드는 일은 없어야 한다는 것이다.

사명(Mission)은 필자의 성공학에서 가장 중요시되는 개념이다. 우리의 꿈(Dream)이나 목표(Vision)를 이루기 이전에 사명의 발견이 필요하다. 그 사명은 만들어지는 게 아니라 '발견되어지는' 것이라는 게 핵심이다. 그 사명이 발견된 후에라야 우리의 꿈과 목표가 의미가 있다. 최소한 그 사명에 위배됨은 없어야 우리의 미래는 보장받을 가능성이 생긴다. 우리 모두가 리더가 되거나, 우리 모두가 부자가 되거나, 우리 모두가 성공할 수 있는 건 아니다. 하지만 하나님의 계획하심이 리더가 아닌 팔로워(Follower)라면, 가난한 자라면, 성공하지 않은 자라면 이야기는 달라진다. 하나님은 그런 나를 통해서도 위대한 계획을 성취하실 테니 말이다. 하늘 보화를 쌓는 입장에서 하나님의 계획하심에 필요한 도구가 된다는 건 얼마나 큰 축복이겠는가?

몇 가지 팁

그렇다면 우리는 어떤 방법으로 하나님의 계획하심을 알아차릴 수 있을까? 그리고 그 계획을 이루어낼 수 있을까? 세 가지 태도를 통해 이를 발견할 수 있다.

먼저 우리는 '꿈을 향해 도전' 해야 한다. 도전하는 태도는 지금까지 발견하지 못한 무언가를 발견할 수 있는 계기를 만들어 준다. 쉬운 길보다는 어려운 길에 그 답이 있을 수 있고, 그 답을 찾기 위해 일단 떠나는 자세가 필요하다.

둘째로는 사명을 향해 헌신해야 한다. 자신의 삶을 온전히 바친다는 마음가짐이 아니라면 사명은 도리어 실망감과 비애를 가져다주기도 한다. 인간의 마음으로 하나님의 계획하심을 즉각적으로 이해하는 것은 거의 불가능하다. 하지만 하나님이 우리에게 항상 좋은 것을 채워 주시려고 한다는 사실을 깨닫는다면 온전히 몸담아 보는 태도가 반드시 필요하다.

비전을 향한 열정은 세 번째 태도이지만, 필자가 가장 강조하는 태도이기도 하다. 열정은 에너지이다. 그 에너지는 목표를 결과에까지 이르게 하고, 수많은 난관을 넘어서는 힘을 우리에게 전해 준다.

비전은 미래의 성취될 목표이며, 목적지이다. 목적지가 생겨야 방향도 생겨난다. 하나님은 당신의 비전이 이루어지길 원하신다. 바로 당신이 올바른 사명을 발견하고, 그 사명에 헌신하기를 원하시기 때문이다. 그 비전은 우리가 이루는 게 아니라 하나님의 능력 안에서 이루어지는 것이다. 온 세상 만물을 주관하시는 하나님이 우리의 목표를 이루시도록 우리가 헌신하면 어떨까? 그리고 다음처럼 생각해 보면 어떨까?

"내게 능력 주시는 자 안에서 내가 모든 것을 할 수 있느니라" (빌 4:13).

Secret of Secret

모든 성공한 사람들이 알고 있었다는 비밀. 그 비밀이 담긴 영상 한 편이 전 세계를 강타했다. 사실 전 세계라고까지 말할 것은 아니지만, 적어도 미국을 강타한 건 사실이다. 제작자에게 엄청난 부를 가져다주었으니 말이다. 더 놀라운 건, 세계에서 인터넷 문화가 가장 발달되어 있다는 대한민국에서는 무료로 – 물론 저작권법 위반이지만 – 나눠지기 시작했다는 것이고, 그렇게 수만 명에게 영상이 배포된 다음에 나온 한 권의 책이 있었으니, 그 책의 제목은 이랬다.

『시크릿』*Secret*. 성공의 비밀이 담겨져 있어서인지, 미국에서 흥행했다는 이유에서인지, 아니면 미리 동영상을 본 사람들이 퍼뜨린 입소문 때문인지 하여튼 책 역시 최고의 베스트셀러로 자리 잡았고, 수많은 사람들이 열광했다. 그 속에는 수많은 크리스천들도 있었다. 하긴 크리스천이라고 해서 성공에 대한 생각이 적을 리 만무할 테니 그런 책을 접하는 게 문제가 되지 않을 것 같기도 하다. 하지만 오늘의 글은 '그것이 문제다!' 라고 짚으려 한다. 바로 성공 그 자체에 문제가 있는 것이 아니라, 그 결과에 이르는 과정에 문제가 있기 때문이다.

자기계발은 또 하나의 믿음 체계이다

자기계발에 심취하기 시작한 사람들이라면 그것을 자신의 가장 가까운 사람들에게 권하고 싶은 충동을 느끼기 마련이다. 하지만 그 과정은 결코 쉽지가 않다. 가까운 사람들일수록 서로에 대한 선입관이 너무 강한 나머지 상대방의 사소한 변화를 놓치게 만들고, 상대방의 진심 역시 왜곡하기 때문이다. 그래서 새로운 변화를 체험한 이들의 자기계발 전파 시도는 대체로 무너뜨릴 수 없을 것 같은 벽에 부딪히기 마련이다. 그때마다 필자에게 도움을 청해오면, 필자는 한결같이 다음과 같은 말을 해준다. "전도하듯 해보라."

처음 하나님을 알고 전도를 해야겠다고 마음먹었을 때가 떠오른다. 솔직히 '스스로' 마음먹은 것은 아니었고, 고등부 전도주일에 어쩔 수 없이 길거리 전도를 맡아서였다. 남들 앞에 선다는 게 익숙할 만한 나였음에도 결코 쉽지 않은 일이었다. 이미 주어진 일을 받아들이는 것도 힘들었지만, 사람들에게 내가 '알고' 있는 것을 전달한다는 게, 그들의 시간은 물론 마음까지 뺏어야 한다는 게 불가능한 일처럼 느껴졌다. 내가 맡은 일은 전도주일에 교회에 한 번 찾아 달라며 전도지를 주는 게 고작이었는데도 지금까지 그때 기억이 떠오를 만큼 내게는 힘든 경험이었다. 정말이지 그때 그 용기와 결심으로 사람들을 전도

한다면 전도 못할 사람도, 전도 못할 장소도 없을 것 같다. 그런 심정으로 자기계발을 전한다면 우리는 반드시 그 사람에게 자기계발을 전할 수 있다.

이토록 자기계발을 심각하게 받아들이는 것은, 자기계발이 또 하나의 믿음체계이기 때문이다. 자기계발의 가장 중요한 핵심 원리는 '내가' 결정하고, '내가' 주도하고, '내가' 이루어 간다는 체계이다. 'Self' 라는 단어가 그 어떤 학문에서보다도 많이 등장하는 분야가 자기계발이다. 자기계발의 용어를 정의할 때도 'Self-Help', 'Self-Management', 'Self-Development' 등으로 해석되지 않던가. 사람들은 자신이·뭔가를 주도할 때 자부심을 느끼고, 행복감을 느낀다. 그래서 자기계발은 하면 할수록 빠져들게 된다. 대체로 자기계발에 열심인 사람들은 주변 사람들이 보기에도 뭔가 긍정적으로 변화하는 것을 보게 된다.

자기계발 믿음 체계의 최고봉, Secret

어쩌면 『시크릿』의 흥행은 당연한 것이었다. 이 세상의 모든 결과를 내가 결심한 대로, 내가 마음먹은 대로 가져올 수 있다는 믿음 체계의 결정판이기 때문이다. '끌어당김의 법칙' 은 이 세상 모든 만물의 중심을 '나' 라는 존재로 삼는 것이었고, 이에 사람들은 열광했다. 더욱 놀라운 것은 그 법칙으로 성공한 수많은 사람들이 자신들의 입으로 직접 이 '비밀' 을 증언하고 있다는 것이다. 그 영상에 등장하는 수많은 사람들 중에는 우리가 익히 알고 있는 사람들도 많이 포함되어 있었다. 우리 인간이란 존재는 앞선 사람들이 증언하는 것에 매우 취약한 편이다. 이미 성공한 사람들의 증언은 마치 성경의 구절처럼 우리에게 다가오고, 우리의 가슴을 가득 채워 버린다. 게다가 그 비밀은 너무나 매력적이고 쉬운 것이었다. 가만히 앉아 주문을 외듯 내가 원하는 것을 가져오면 되니 말이다.

필자 역시도 이런 믿음체계를 부정하진 않는다. 사실 자기계발의 대부분은 온통 이런 믿음체계를 신봉하고, 지지한다. 그렇지만 한 가지 분명하게 알고 있어야만 하는 게 있다. 이런 믿음체계는 어디까지나 체계일 뿐 유일한 진리는 아니라는 것이다.

진리는 오직 하나이지만, 믿음체계는 수십 수백 가지가 존재한다. 그래서 우리는 늘 '선택'이라는 기로에 서게 된다. 『시크릿』은 그런 점에서 우리의 믿음 체계에 큰 도전으로 다가온 개념이라고 말할 수 있다. 이 '비밀'의 핵심은 '끌어당김의 법칙'이라고 한다. 이 법칙은 내가 원하는 것을 생생하게 생각하고, 끌어당기려 마음먹기만 하면 무엇이든 내가 원하든 대로 된다는 것이다. 자세히 분석해 보면 크게 두 가지 개념이 현대인들이 그토록 신봉하는 자기계발의 믿음과 일치한다. 바로 '내가 중심이다'라는 개념과 '내가 원하는 대로 된다'라는 개념이 그것이다.

인간은 자신의 삶에서 선택권을 발휘할 때 행복을 느끼고, 자부심을 느끼게 된다. 현대 사회처럼 한 명의 개인이 살아남기 힘든 시대에 혼자만의 결정, 혼자만의 힘으로 뭔가를 성취한다는 게 얼마나 멋진 일이겠는가. 게다가 그 결과가 내가 바라는 대로 이루어진다면 금상

첨화일 것이다. 그런 점에서 『시크릿』이 담고 있는 '비밀'은 지금 이 순간에서 수십, 수백 명의 사람들을 『시크릿』의 비밀 속으로 빠지게 하고 있다.

문제는 크리스천들이다

하나님을 믿지 않는 이들이 『시크릿』을 이야기하고, 신뢰하고, 전파하는 건 문제가 되지 않는다. 원래 인본주의 개념에서, 무신론적 개념에서 이런 믿음체계는 너무 척척 들어맞기 때문이다. 논리적으로도 문제가 되지 않는다. 따라서 지금 이 순간 이 글을 읽는 크리스천이 아니라면, 이 글의 가치는 무의미해질지도 모르겠다.

정작 문제는 크리스천들이다. 좀 더 정확히 말하자면, 분별없는 크리스천들이 이 믿음체계를 진리인 것처럼 받아들이기 시작하면서이다. 우리가 지혜로워야 하는 이유가 여기에 있다. 이런 분별력을 갖지 못한다면 우리는 누군가에게 믿음을 전파하기는커녕, 그들의 반박에 아무런 근거조차 댈 수 없을 것이다.

크리스천의 믿음체계 속에는 항상 '하나님'이 계신다. 우주 만물을 창조하시고, 지금도 우주 만물의 운행에 관여하시는 하나님이 우리의 삶 곳곳에 살아 계시고, 주관하심을 믿는 게 크리스천이다. 그런 크리스천들이 이 비밀에 열광한 나머지, 내가 원하는 삶을 내가 결정한다는 매력이 하나님을 거부하게 만드는 마력임을 알지 못하고 신봉하게 되면서 문제는 시작된 것이다.

무엇을 믿을 것인가를 결정해야 한다

자기계발과 성공학의 세계에서 크리스천은 가장 주된 고객에 속한다. 자기계발의 여러 가지 면들이 크리스천들의 세계관과 놀랍도록 유사하기 때문이다. 인간의 마음은 서로 다른 믿음체계를 갖는 데 어려움을 겪는다. 따라서 자신도 모르게 유사한 체계를 찾는 경향이 있고, 그런 점에서 두 영역은 매우 밀접한 관계를 맺고 있다. 그런데 크리스천들이 자기계발의 세계에 깊이 빠지다 보면 어느새 근본적인 질문을 할 수밖에 없는 상황에 이르게 된다. 바로 '자아 중심의 세계관'과 '하나님 중심의 세계관'의 충돌이다.

실제로 필자 역시 서너 차례 비슷한 질문을 받은 적이 있다. 그중에는 단도직입적으로 신이 있느냐는 물음을 던진 이도 있고, 애매하게 혼란스럽다면서 얘기를 꺼낸 이도 있었다. 어떤 경우든 자기계발을 열심히 하다보면 어쩔 수 없이 겪게 되는 한계에 도달했다는 것이고, 그들의 고민이 해결되지 않는다면 자기계발은커녕 지금까지 해온 모든 과정을 부정할 수밖에 없는 처지에 이르고 만다.

그때마다 필자의 답변은 한결같다. 하나님을 믿고, 교회에 다니는 것까지는 아닐지라도 당신이 창조주라는 신으로부터 창조되었음을 이 시간부터 믿고, 진정으로 당신이 창조된 이유에 대해서 고민해 보라는 것이다.

좀 더 구체적으로 표현하면, 기독교, 천주교, 불교 같은 구분은 '종교적 구분'이며, 대부분의 사람들은 종교를 선택의 대상으로 본다. 그러나 신이 있고, 그 신이 이 세상 모든 만물을 창조했다는 것은 진리이며, 이는 선택의 대상이 아니다. 즉, 진화론적인 개념, 인본주의적인 개념으로는 넘을 수 없는 자기계발의 세계가 있다는 것이다. 따라서 과학적 세계관을 가졌다고 해서 우리가 진화론적 세계관을 고집하는 것만으로는 이 궁극적인 의문을 넘을 수가 없다. 진리는 믿고 안 믿고의 문제이자, 받아들이느냐 않느냐의 문제이지, 내게 적합한 것을 찾는 선택의 문제가 아니라는 뜻이다.

올바른 믿음이 올바른 성장을 이끈다

이 글은 자기계발의 가장 근본적인 믿음체계에 대한 이야기이다. 우리는 우리가 믿는 믿음체계 안에서 생각하고, 행동한다. 그런 점에서 우리의 믿음체계는 매우 중요한 가치를 지니고 있다. 그러나 아무리 그 체계가 중요해도 원칙 위에 서 있지 않다면 아무런 가치를 가지지 못한다. 하늘로 공을 던져도 중력의 법칙에 의해 반드시 떨어진다는 원칙을 무시해 버리면, 그 이후에 일어나는 일들은 자신이 원하는 것과는 다르게 나타날 수밖에 없는 것과 같다.

필자 역시도 『시크릿』이라는 책에 담긴 비밀을 모조리 부정할 수는 없다고 생각한다. 무엇보다 필자 역시도 그와 비슷한 경험을 한 적이 몇 차례쯤 있기 때문이다. 그렇지만 그 책에서처럼 필자가 원하는 모든 게 이뤄진 적도 없고, 필자가 원하는 시점에 원하는 방식으로 모든 게 이뤄진 것도 아니었다. 결과적으로 봤을 때, 아무것도 원치 않았던 때보다는 뭔가 생각하고, 원하고, 갈구하던 때의 결과물이 대체로 좋았다는 것이다. 그래서 사람들에게 희망을 이야기하고, 도전을 이야기하고,

소망을 이야기한다. 그렇지만, 우리 인간이 바라는 모든 소망의 실현은 어디까지나 하나님의 영역임을 인정해야 한다. 하나님이 허락하시고, 하나님이 바라시는 방식으로 그 소망이 이뤄질 뿐, 창조주이신 하나님의 원칙을 거스르면서 일어나는 결과는 이 세상에 존재하지 않는다.

지금 이 순간에도 수많은 크리스천들이 자신이 원하는 주제를 놓고 기도하고 있다. 자신이 원하는 길을 가기 위해 노력하고 있고, 수많은 기법들을 총동원해 그 목표를 완성시키려 하고 있다. 그런 노력들은 대체로 긍정적인 결과를 가져다준다. 하지만 어디까지나 원칙 위에서, 하나님의 허락 안에서 이루어지는 노력들만이 결과를 보장받을 수 있다.

그런 점에서 『시크릿』의 진정한 비밀을 필자는 이렇게 정리해 보고 싶다. '하나님이 허락하는 범위 안에서, 하나님은 인간의 소중한 소원을 이루게 해주신다.'라고 말이다. 끌어당김의 법칙이 틀렸다기보다는 제한적인 의미에서 그 법칙은 진정한 법칙임이 분명하다. 어떤 목표를 진정으로 원한다면, 그에 걸맞은 노력을 겸할 때 우리는 좋은 결과를 얻게 된다. 무엇보다 그 목표가 하나님 보시기에 좋은 목표라면 더 좋은 결과를 얻게 된다.

우리 주위에는 수많은 비밀들이 흘러 다니고 있다. 그 비밀들은 저마다 자기가 진짜라며 우리를 유혹하고 있다. 이럴 때일수록 올바른 믿음 체계 위에서 선택을 해야 한다. 성공하기 위해서는 법을 지키지 않는 편이 유리하다고 믿는 절반이 넘는 청소년들에게 적어도 크리스천들은 '그렇지 않아.'라고 말할 수 있으려면 우리부터 올바른 믿음 위에서 올바른 성장을 해야 하지 않겠는가.

필자가 제안하는 크리스천의 7가지 성공 비밀

1. 성경을 읽어, 하나님이 원하시고 역사하시는 방법을 알자.

2. 기도하고, 묵상하면서 하나님이 진정으로 나를 통해 역사하시고 자 하는 바가 무엇인지 발견하자.

3. 매 순간 하나님이 바라시는 바를 기본으로 생각하고, 그 위에 나 의 소망을 쌓자.

4. 노력하자. 노력은 하나님이 바라시는 방법이다.

5. 물어보고 도움을 청하자. 인간은 처음부터 혼자 살도록 지음 받 지 않았다.

6. 선택하자. 모든 진리가 진리처럼 보여도, 진리는 늘 일부에 불과 하다.

7. 바쁘다고 성경을 놓지 말자. 하나님에 대한 바른 믿음은 자기계 발을 바로잡아 준다.

예수님이라면 어떻게 말씀하실까?

직업이 강사다 보니 이런 저런 주제로 말할 기회가 무척 많다. 보통은 강의장에서 강의를 하는 경우이지만, 가끔 평범한 모임에서도 뭔가 한마디 해달라는 주문을 종종 받곤 한다. 어떤 강사들은 강의장이 아니기에, 준비된 것이 아니기에 고사를 하기도 한다지만 필자는 대부분의 경우 그냥 수락하고 만다. 필자에게 마이크를 넘겨준 분에 대한 예의가 아닌 것 같고, 무엇보다 그 기회를 잘 활용하면 사람들에게 좋은 메시지를 전달할 기회가 되기도 하기 때문이다.

문제는 말하는 것 자체가 그다지 쉬운 기술이 아니라는 것이다. 많은 사람들이 말하기 때문에 얼마나 스트레스를 받는지 알다 보니 오래전부터 어떻게 말하게 해야 적합할까 하는 고민을 해왔었다. 그중에서도 감동을 주는 연설의 공식 같은 걸 원하는 분들은 또 얼마나 많았던가! 그런 분들에게 이 글은 아주 좋은 선물이 되지 않을까 싶다.

필자와 함께 활동하는 김정은 연구원의 아이디어에서 출발한 'MUSIC Speech'가 바로 오늘의 주제이다!

이제는 감동이다

수많은 사람들이, 수많은 매체들이 우리를 설득하려 애쓴다. 지지를 얻기 위한 정치인도 있고, 물건을 팔기 위한 기업이나 영업사원들도 있다. 어떤 경우에든 '설득'을 통한 행동의 변화를 염두에 두고 있는데, 안타깝지만 설득은 그다지 쉽게 이뤄지지 않는다. 또 설득당했다는 느낌은 당사자로 하여금 굉장한 불쾌감을 야기하기도 하기 때문에 설득은 언제나 논란의 대상이 되는 비밀스런 기술이기도 하다.

하지만, 설득을 넘어 감동을 받으면 어떨까? 최근 세일즈에 관한 여러 연구에서 사람들은 구매를 결정할 때 이성적인 판단보다는 감성적인 판단에 더 의존한다는 결과가 나오고 있다. 심지어 결정에서 4분의 3이상의 비중이 감정의 영향을 받는다고 하니 실로 놀랍지 않을 수 없다. 그래서 설득당하는 것보다는 감동받는 게 당사자로 하여금 훨씬 긍정적이면서도 적극적인 행동의 변화를 끌어낼 수 있다. 감동은 이성을 넘어서는 상태이며, 감동을 받은 상태에서 우리는 많은 감각과 재능이 일깨워지고, 자신의 평상시 역량을 넘어서는 능력을 발휘하기도 한다. 따라서 상대방에게 감동을 주는 '연사'는 최고의 설득가이자 멘토라고 해도 과언이 아니다.

그런 점에서 우리 예수님은 참으로 놀라운 연사라고 할 수 있다. 어쩜 그렇게 말씀을 잘하시는지 …. 세상의 진리를 비유로 더 명쾌하게 설명하시기도 하고, 성경 전문가란 사람들과 대화를 할 때도 '레벨이 다르다' 는 것을 확실히 보여 주시지 않았던가. 그런 예수님의 말하기 능력을 우리가 살짝 빌린다면 정말 멋진 연설가가 되지 않을까?

Mind Control

출처는 기억이 안 나지만, 한 조사기관의 발표에 따르면, 대중 앞에 서는 것은 죽는 것 다음으로 공포스러움을 느끼는 상황이라고 한다. 일상적이지도 않고, 연습하기도 쉽지 않은 상황이다 보니 막상 대중 앞에서 말을 해야 하는 상황을 맞게 되면 낯선 상황 자체에서 공포스러움을 느낄 수밖에 없다. 문제는 현대 사회가 대중 앞에서 말할 기회를 자꾸 만들어 내고, 그런 상황에서 멋진 연설을 하는 사람을 선호한다는 것이다. 그러다 보니 많은 직장인들이 스피치 학원에 다니기도 하고, 강사 과정도 들으면서 대중 앞에 서는 준비를 하는 데도 쉽지가 않다.

가장 큰 문제는 '자신감' 이 생기지 않는다는 것이다. 무대 위에서 자신감만 가진다면 평소 즐겨 쓰는 농담도 할 수가 있고, 평소 이야기 하는 것처럼, 대화하는 것처럼 말할 수 있는데 자신감이 없으면 무대에 선 것 자체가 공포스러울 수밖에 없다. 따라서 자신의 마음을 적절하게 관리하는 것이야말로 가장 중요한 첫 번째 조건이 된다. 그렇다면 어떻게 해야 자신감을 가질까? 가장 중요한 두 가지에 대해서 살펴본다.

무대 위에서 자만하고, 무대 아래에서 겸손하라!

강사 훈련 과정에서 자주 쓰는 표현이다. 일단 무대 위에서 연사는 어떤 이유에도 위축되어선 안 된다. 실제로 실수를 하더라도 별일 아닌 것처럼 넘어설 수 있을 만큼 압도적 우위에 있듯이 행동해야 한다. 그래야 스스로가 편안해지고, 청중 역시 흔들림이 없어진다. 자만이란 단어가 부담스럽긴 하지만, 무대 위 연사는 자기 혼자만의 시간을 보내기 위해 선 게 아니다. 자신이 말하는 내용을 들을 청중들의 몫까지도 포함해서 시간의 책임을 지닌 이상 자만스러울 정도로 자신을 높일 필요가 있다. 표현을 굳이 '나 잘났다'고 하라는 게 아니라, 그런 마음으로 서라는 게 첫 번째 주문이다.

충분히 준비하라!

지하철에서 연설할 기회를 자주 가지면 정말 말을 잘할까? 안타깝게도, 여러 스피치 학원을 거쳤음에도 말 잘하는 사람 찾기는 정말 어렵다. 필자도 웅변 학원을 거의 1년여 다녀 봤지만, 실제로 말을 잘하게 되는 데에는 더 많은 시간이 필요했다. 그런 점에서 철저한 준비를 통해 스스로 자신감을 가지는 것만큼 어려운 게 없다. 일단 어떤 청중이든, 어떤 주제든 이야기할 준비가 되어 있는 사람은 자신감을 갖지 말라고 해도 가지게 된다. 따라서 철저한 준비, 풍부한 학습이야말로 연사가 지녀야 할 가장 기본적인 요건이다. 예수님의 공생애 전의 삶에 대해서는 알려진 바가 없지만, 어릴 때부터 성경에 대해 능통했다는 것은 성경에서 확인할 수가 있다. 풍부한 지식 없이 수준 높은 연설을 기대하는 것은 애초에 무리인지도 모른다.

Unique Message

성경을 통독하면서 감동받는 것 중 하나가 핵심 메시지에 대한 일관된 서술이다. 바로 '하나님 사랑, 이웃 사랑' 이라는 두 가지 목표이다. 성경은 처음부터 끝까지 일관되게 이 두 가지 주제를 이야기하고 있다. 그 이야기를 무려 성경 66권에 걸쳐 이야기하고 있으니 실로 대단한 일이 아닐 수 없다. 그런데 아무리 방대한 이야기라도 핵심 메시지가 뭔지 알고 있으면 그 내용이 쉬워지지만, 그 핵심 내용을 모르는 상태로 읽게 되면 읽어도 내용을 이해하기 힘들어진다. 제목과 목차를 알고 책을 읽을 때와 모르고 읽을 때의 차이라고 하면 좀 더 쉽게 이해가 될 것이다. 청중은 오로지 핵심 메시지만을 기억한다. 아무리 멋진 말을 계속 이어 붙여도 사람들은 단순하고도 핵심적인 메시지만을 기억하기에, 연사 역시 이 메시지를 개발하고 전달해야 한다.

대부분의 크리스천들이 '하나님은 나를 사랑해.' 라는 메시지를 기억하고 있다는 점은 실로 놀라지 않을 수 없다. 수만 줄의 성경 속에서 거의 변함없이 단순한 메시지를 기억하고 위로로 삼는 것은, 실제로 그 메시지를 줄기차게 반복해 주기 때문이다.

태초부터, 내가 태어나기 전부터 나를 계획하시고 사랑하신 하나님을 내가 사랑하는 것만큼 쉬운 일이 어디 있겠는가? 인간은 자신이 받지 못한 것을 주는 게 거의 불가능한 존재이다. 따라서 하나님께서는 우리에게 하나님을 사랑하고, 이웃을 사랑할 수 있는 힘을 주셨다. 바로 스스로, 먼저 사랑해 주신 것으로 말이다. 모자라는 것도 문제지만, 많은 것은 아예 없는 것보다 못할 때가 많다는 것을 우리는 늘 기억해야 한다.

Story-telling

예수님께서는 탁월한 스토리텔러셨다. 이야기꾼이셨고, 훌륭한 구연 강사셨다. 정말이지 누가 듣더라도 모자람 없는 비유로 하나님의 말씀을 전하셨고, 그 비유로 상대를 낮아지게 하셨다. 탕자의 비유가 없었더라면 좌절을 겪었던 우리가 어떻게 다시 하나님께로 돌아갈 것이며, 부자가 천국 가는 게 낙타가 바늘귀를 통과하는 것보다 어렵다는 말씀이 없으셨다면 우리가 재물에 대해 어찌 마음을 내려놓을 수 있었겠는가. 가이사의 것은 가이사에게, 하나님의 것은 하나님에게 돌려주라는 대목에 이르러서는 그 탁월함에 무릎을 탁, 치고야 만다. 이렇듯 예수님께서는 모든 말씀을 여러가지 비유로 쉽게 설명해 주셨고, 전달하셨다.

핵심 메시지를 잘 전달하기 위해서 핵심 메시지만을 반복한다면 인간은 아마 지루해서 쓰려졌을 것이다. 그렇다고 복잡한 내용을 무작정 나열하기만 해서도 우리는 기억할 수가 없다. 좋은 예, 좋은 이야기는 우리의 기억을 돕고, 우리의 마음을 열게 만든다. 그런 점에서 예수님만큼 훌륭한 스토리텔러가 없다는 부분에서 우리는 큰 선물을 안고 사는 셈이다. 많은 유명 목사님들이 다양한 사례를 통해 하나님 말씀을 전달하려고 노력하시는 것도 이 때문이 아닌가 싶다.

청중은 대체로 일정하지 않다. 매우 다양하다. 정말 훌륭한 연사는 어떤 상황, 어떤 청중에게도 적합한 이야기를 할 수 있어야 한다. 따라서 자신이 말하려는 내용을 명확하게 인지하고 있어야 하며, 그 내용을 잘 전달하기 위해 좋은 흐름, 패턴, 스토리를 만들 필요가 있다.

기승전결 같은 방식이나 정반합 같은 기본 공식들이 청중들에게 좋은 반응을 끌어내는 것도, 이 모든 방식이 일종의 스토리이기 때문이다.

Image-making

이미지메이킹은 현대에 들어와서 리더들에게 굉장히 중요한 화두가 되고 있다. 짧은 순간에도 좋은 인상을 남겨야 훌륭한 리더라는 생각에 많은 리더들이 이미지메이킹을 공부하거나 컨설팅을 받고 있다. 그런데 많은 이들이 이미지메이킹을 옷차림에 대한 이야기로 생각하는 경우가 많은데, 이미지메이킹은 그보다도 훨씬 넓은 주제의 이야기다.

행동에서의 이미지메이킹 - 일단 우리는 솔선수범을 해야 한다. 어떤 연사의 이야기를 들으면서 그 연사가 평소 다르게 행동하는 것을 알고 있다면, 그 연사의 말을 절대 귀담아 들을 수 없고, 그 연사의 얘기를 통해 감동은커녕 설득받기도 쉽지 않을 것이다. 따라서 연사는 평소 행동을 통해 자신이 전달하고자 하는 이미지를 만들 필요가 있다. '솔선수범'을 가장 우선적이면서도 중요한 리더십의 원칙으로 꼽는 이유는, 대부분의 사람들이 리더의 행동에서 영향을 가장 많이 받기 때문이다.

표정에서의 이미지메이킹 - 사랑에 대한 이야기를 하면서 인상을 찡그리고 이야기한다면, 고난에 대해 이야기하면서 너무나 밝은 표정으

로 이야기한다면 청중들은 어떤 반응을 보일까? 예수님의 마지막 고
난 장면에서 연사가 너무나 행복하고 밝은 표정으로 이야기한다면 반
감까지 살지도 모를 일이다. 청중은 시각적으로 영향을 가장 많이 받
기 때문에, 말할 때의 자세나 표정이 매우 중요할 수밖에 없다. 즐거
운 이야기는 즐거운 표정으로, 가슴 아픈 이야기는 가슴 아픈 표정으
로 하는 게 정석이다. 강사를 하나의 배우로 보는 시각이 있는 이유
도, 자신이 전달하고자 하는 메시지를 더 잘 전달하기 위해서는 그에
적합한 연기를 하는 게 가장 좋은 방법이기도 하기 때문이다.

외모에서의 이미지메이킹 – 아무래도 무대에 섰을 때 청중들은 무대
위 연사의 모습에서 첫인상을 결정할 가능성이 높다. 첫인상은 아무
래도 오래갈 수밖에 없고, 그 이후 그 사람을 대할 때 영향력을 끼치
고 만다. 따라서 무대에 설 때 좋은 이미지를 남길 수 있도록 준비하
는 것도 필요하다. 중요한 일을 앞두고 외모를 정돈하는 것은 남녀의
차이가 없는, 대표적인 공통분모이기도 하다. 누군가를 위해서도 그
렇지만, 자기 자신을 위해서도 그런 행동을 통해 좋은 준비 상태를 유
지할 수 있기 때문이다.

Communication

연사 혼자서 한 시간, 두 시간을 이야기하는 것처럼 보여도 훌륭한
연사는 끊임없이 청중과 대화를 시도한다. 바로 청중의 표정과 눈빛,
자세를 읽어 내는 것이다. 연사의 이야기가 재미없다면 하품을 하거나

졸기 시작할 것이고, 연사의 이야기가 마음에 와 닿지 않으면 딴전을 피울 가능성이 높기 때문이다. 비록 발언권을 들고 있다 할지라도 우리는 사실 일방적인 강연이나 연설은 존재하지 않는다고 생각하는 게 바람직하다. 수단만 다르지 실제 우리의 모든 말하기는 '대화'와 같다.

대화의 핵심은 '경청'이다. 상대가 무슨 말을 하는지 알아야 나도 그에 적합한 말을 할 수 있기 때문이다. 비록 연설과 강연 같은 상황이 일방적인 음성 대화이긴 하지만, 자신의 표현에 대한 청중의 반응을 통해 우리는 충분히 발언을 조정할 수 있는 기회를 갖게 된다. 비록 철저한 준비를 통해 완벽한 대본이나 자료를 준비했다 할지라도 현장에서 능동적인 변화를 줄 수 있는 사람이 훌륭한 연사라고 할 수 있다. 실제로 대본대로 하는 사람이 훌륭한 연기자인 것처럼 보이지만, 그 대본의 틀 위에서 상황에 따라 유연하게 표현하는 배우가 더 훌륭한 연기를 펼친다고 볼 수 있다. 같은 자료 안에서 다양한 전개를 할 수 있는 연사가 더 훌륭하다고 할 수 있는 것이다.

이 정도의 경지에 오르려면 일단 방대한 준비와 오랜 연습이 필요하다. 어떤 유명 연사도 전혀 떨지 않고 연설을 하는 경우는 없기 때문이다. 그들이 비교적 떨지 않는 이유는 오직 하나, 평소에 많은 연습을 하기 때문이다. 전쟁을 앞둔 군인이나 화재를 눈앞에 둔 소방관이 실전에서 떨지 않으려면 평소 많은 훈련을 소화해야 하는 것과 같은 이치다.

요즘 크리스천들이 참 많이 거론되어진다. 안타까운 건 좋은 모습보다는 좋지 않은 모습이 더 자주 보이는 것이다. 우리가 스스로를 더 단련해야 하는 이유도 여기에 있는 것 같다. 일부러 나서지 않아도 이 정도인데, 우리가 앞에 나서야 할 때의 모습이 얼마나 큰 영향을 끼칠지는 굳이 언급할 필요가 없지 않을까? 훌륭한 크리스천이라면 훌륭한 리더로서의 준비를 해둘 필요가 있다. 그런 점에서 훌륭한 연설을 하는 크리스천이 많아지길 진심으로 기도해 본다.

Time * Life

02

시간 * 인생

세월을 아끼라

크리스천을 위한 시간관리 제1탄

필자는 성공한 사람들을 깊이 연구하곤 한다. 그들의 말과 행동에 대해서는 물론, 그들이 어떻게 성장해 왔는지에 대해서도 연구하곤 한다. 위대한 사람들의 삶을 추적해서 그들이 남긴 발자취를 정리하고, 나아가 그 속에서 의미를 찾는 일을 전문적으로 하고 있는 사람들도 있는 것을 보면, 분명 앞서 간 사람들의 발자취를 배우는 것은 매우 의미가 깊은 일이다.

예수님은 참 독특한 분이시다. 그분이 남긴 지혜로운 말씀을 읽고 묵상하노라면 어릴 적부터 꽤나 유명세를 날릴 만도 했지만, 예수님은 정작 30여 년의 삶을 무척이나 조용하게 살아오신 분이시다. 그러던 어느 날 갑자기 활동을 시작하시더니 3년 만에 엄청난 사회적 파장을 일으키셨고, 그분을 따른 십여 명의 제자들은 각자의 활동을 통해 '기독교'라는 종교를 세계적인 종교로 키우는 데 초석이 되었다. 예수님이 아니었다면, 그분의 제자들이 없었다면, 또 그 이후 예수님을 따르고자 했던 수천, 수만 명의 믿음의 리더들이 없었다면 우리는 어떤 삶을 살고 있을까? 지금 우리가 알고 있는 이 진리를 모를 수도 있었을 테고, 우리의 구원은 불가능한 일이 되었을 수도 있을 것이다. 그런 점에서 예수님의 그 3년의 시간은 필자를 비롯한 수많은 사람들에게 복이 되었다고 생각한다.

그런데 겨우 3년이다. 성공학적인 입장을 빌리자면, 한 분야에서 10년 정도를 몰두하면 그 분야에서 누구에게도 뒤지지 않는 전문가가 될 수 있고, 20년 정도를 몰두하면 세계 최고 수준에 도달할 수 있다고 한다. 그런데 예수님은 겨우 3년이다. 겨우 3년 동안의 말씀사역과 실천으로 수천 년 인류 역사에 엄청난 변화를 일으키셨다는 것이다. 시간관리 전문가라고 자부하는 필자의 시각으로도 그분의 3년의 삶은 사실 설명하기가 무척 힘들다. 하지만 그분의 지나온 30년까지 포함시킨다면 이야기가 달라진다. 사도 바울이 '세월을 아끼라!'라고 말한 것처럼, 예수님은 아마도 30년 동안 오로지 3년의 공생애를 위한 준비를 하신 게 아닌가 싶다.

'시간'은 하나님이 주신 최고의 축복이다

이번 글의 주제를 무엇으로 정할 것인가에 대한 고민만으로 거의 한달 여를 보내야만 했다. 그 '시간'이 의미 있었을까? 물론이다. 시간의 관점에서 보면, 그 어떤 시간도, 그 어떤 일도 의미가 없는 것은 없다. 시간을 어디에 투자하는가, 얼마나 투자하는가에 따라서 우리는 보다 더 나은 무언가를 발견할 수 있게 된다. 예수님이 30여 년을 기다리시며 준비하신 것은 아마도 3년의 시간을 최고로 가치 있게 만드시기 위해서가 아니었을까? 시간은 하나님이 주신 최고의 복이지만, 그것을 진정 복으로 누리는 것은 우리가 어떻게 그것을 쓰느냐에 달려 있다고 해도 과언이 아니다.

'시간' 보다 '사건' 에 주목하자

수많은 사람들이 시간에 대해 많은 정의를 내려왔지만, 그중에서 필자가 가장 좋아하는 정의는 '시간이란, 수많은 사건의 연속적인 흐름' 이라는 말이다. 우리는 시간을 다룰 때 5분, 10분, 1시간을 의미 있게 두지만, 시간을 깊이 이해하면 이해할수록 시간보다 중요한 것은 시간을 투자하려고 하는 그 '사건' 자체임을 알게 된다. 우리네 생각대로라면 예수님이 5분, 10분 단위로 시간을 쪼개 쓰며 수많은 일들을 하려 하셨을 것 같지만, 예수님은 그렇게 하지 않으셨다. 오히려 예수님은 우리네 시각으로 보기엔 하찮은 일들까지도 하나하나 소중하게 행하셨다. 사람들이 싫어하는 세리에게도 그랬고, 유대인들이 싫어하는 로마인에게도, 수많은 사람들이 꺼려하는 병자나 약자들에게도 똑같이 그리하셨다. 놀라운 것은, 사람들이 포기한 '죽어버린 사람' 에게까지 예수님은 관심을 보이셨다는 것이다. 여기서 우리는 또 하나의 시간에 대한 속성을 보게 된다.

우리의 현재는 우리가 하는 수많은 일들의 결과이다

우리가 예수님을 믿고 따르는 이유가 예수님이 하나님의 아들이라고 직접 말씀하셔서일까? 우리가 그분을 하나님의 아들로 아는 것도, 그분이 우리의 존경과 높임을 받기에 합당한 분이라는 것을 아는 것도 모두 그분의 '말'이 아닌 그분의 '행동' 때문이었다. 시간의 관점에서 본다면 그분이 사용하신 시간이 대부분 옳은 일에, 중요한 일에 쓰여졌기에 우리는 그분에게 지금의 태도와 마음을 쏟고 있는 것이다.

크리스천이라면 마땅히 자신의 '행동'으로 자신을 증명하는 게 옳다. 말로만 하기도 쉽고, 그런 척하기도 쉽다. 하지만, 어떤 일을, 그리고 그 일이 중요하고 필요한 일이라면, 그 일에 시간과 마음을 쏟는 게 얼마나 어려운 일인지 우리는 알고 있다. 행동하지 않으면서도 행동한 후에나 얻을 수 있는 결과를 얻기 위해 우리는 얼마나 많은 노력을 하고 있는가?

무언가를 한다는 것은
그 시간에 다른 것들을 포기하는 것이다

현대인들이 뭔가를 하지 못했을 때 사용하는 가장 흔한 변명은 바로 '시간이 없어서'이다. 하지만 이 역시도 시간을 깊이 이해한다면 어리석은 변명에 불과해진다. 필자가 좋아하는 시간의 개념 중 하나가 '뭔가를 하지 못했다는 것은, 그것을 해야 할 시간에 다른 무언가를 했다는 것'이다.

우리는 크리스천으로서 해야 할 많은 것들을 이미 알고 있다. 다만, 못하고 있을 뿐이다. 그때 우리는 '시간이 없어서'라고 변명한다. 하지만 우리는 그 시간을 갖지 못한 게 아니었다. 예수님 시절이나 지금이나 시간의 양은 단 한 번도 변하지 않았다. 따져 본다면 예수님 시절보다 현대인들은 더 많은 시간을 활용할 수 있는 가능성을 가지고 있다. 예수님이 걸어 다니실 때 우리는 차를 탈 수 있고, 예수님이 만나서 이야기하실 때 우리는 E-mail을 보내고, 문자를 보내고, 전화를 할 수도 있다.

상대적인 관점에서 본다면, 현대인들은 과거 그 어느 때보다도 많은 시간을 갖고 있는 셈이다. 그렇다면, 성경을 읽고, 전도를 하고, 기도를 하기 위해서 사용할 시간보다 잠을 자고, 술을 마시고, 영화를 보는 시간이 더 소중했던 게 우리가 갖고 있는 '시간 없음'의 진실이다. 우리는 이 부분을 인정하지 않고서는 예수님을 이해할 수가 없다.

기왕 산다면 가치 있는 행동을 하자

예수님의 삶은 '십자가에 달리시는 것'과 '부활하신 것'으로 정점에 다다른다. 멜 깁슨이 감독한 〈패션 오브 크라이스트〉라는 영화는 예수님이 겪으셨을 고통을 정말 '리얼하게' 보여준다. 영화인 줄 알면서도 그 영화를 그냥 보는 것 자체가 힘들 정도로 그 고통은 생생하게 다가온다. 예수님은 말할 수 없는 그 '고통'을 몸소 감수하셨다. 그 이유가 무엇일까? 그분은 제자 중 한 사람이 배신할 것을 아셨고, 로마 군병들에게 잡힐 것을 아셨고, 수많은 유대인들이 예수님을 모함하고 있음을 아셨다. 그럼에도 불구하고 예수님은 자신의 행동을 끝까지 행하셨다. 이유는 간단하다. 그게 진정 가치 있는 일이었기 때문이다.

우리는 무엇이 진정 가치 있는 일인지 살펴보는 데 시간을 투자하고, 보다 가치 있는 일을 발견했다면, 우선 그 일을 먼저 행해야 한다. 우리는 잠시의 여유, 잠시의 방심으로 인해 수많은 변명을 만들어 내고, 그 일을 하지 않아도 되는 상황을 만들어 낸다. 하나님께서 만드신 이 세상은, 우리가 어떤 식으로 접근하든 간에 그에 적합한 결론을 찾게 해준다. 내가 변명하려 들면, 내가 거짓된 행동을 하려 들면, 내가 미루려 하고, 내가 피하려 하면 그에 적합한 환경과 이유를 찾도록 만들어져 있다는 것이다. 그러나 적어도 크리스천인 우리는 보다 소중한 하나님의 가치와 계획을 '알고' 실천했으면 한다. 행동으로 하나님의 아들임을 증명하셨던 예수 그리스도처럼 말이다.

그 누구보다도 우리 믿음의 자녀들은 시간을 소중히 여길 줄 알아야 한다. 세월을 아끼지 않는다면, 이 악한 때를 우리가 헤쳐 나갈 길이 없기 때문이다.

한 주의 시작은 무슨 요일일까?

크리스천을 위한 시간관리 제2탄

한 주의 시작은 무슨 요일일까? 어떤 도구를 보면 월요일이 제일 앞에 오기도 하고, 어떤 도구엔 일요일이 제일 앞에 오기도 한다. 그게 뭐 대수일까 싶지만, 시간관리를 연구해 보면 이 기준이 우리 삶에 얼마나 큰 영향을 끼치는지 깨닫게 되고, 그 결과는 너무나 커서 그 도구를 만든 사람이 과연 거기까지 생각하고 만들었을까 하는 데에 이르기도 한다.

대부분의 사람들에게 첫 시작은 월요일이다

그렇다. 이 부분에 대해서는 이 글을 읽는 많은 크리스천들도 동의

할 것이다. 그런데 이렇게 바꾸면 어떨까? '대부분의 크리스천들에게
도 첫 시작은 월요일이다!' 라면? 의견이 분분할 것 같다. 그러나 이건
확실하다. 대부분의 크리스천들에게 첫 시작은 늘 월요일이다. 의견
이 분분하든 않든 간에 말이다!

시작은 우리에게 매우 긍정적인 의미를 갖는다. 출발점이니까, 새
로우니까, 상쾌하니까, 팔팔하니까 '시작' 은 늘 즐겁다. 그래서 늘 힘
차게 시작한다. 한 해의 시작을 생각해 보고, 새 학기의 첫 출발을 생
각해 보고, 부부로서의 첫 출발을 생각해 보라. 얼마나 흥미진진하고
행복하고, 열정이 넘치겠는가?

문제는, 시작이 있다면 늘 끝도 있다는 것이다. 끝? 꽤 힘들다. 어
둡고, 지치고, 피곤하고, 의욕이 없고, 그만둬 버리고 싶어진다. 인생
의 마지막이 그렇고, 휴가의 마지막이 그렇다. 그런데 인생처럼, 휴가
처럼 그 '일' 이 그대로 종료되고, 문제가 없다면 괜찮다. 그런데 우리
의 삶이 일주일 안에 중단되어 버리는가? 가끔 "내일 우리가 죽는다
면?"이라는 질문을 던져보고 오늘을 그렇게 살라고 얘기하는데, 그랬
다 가는 우리 삶과 세상은 온통 종말론적인 것들로 가득 차서 우울하
고, 처참한 결과가 생길 거라고 본다. 그래서 다음의 자세가 반드시
필요하다!

끝은 '끝' 이 아니라 새로운 '시작' 이다

월요일이든 일요일이든, 엉뚱하게 수요일이든 간에 한 주의 시작이
있다면 반드시 한 주의 끝이 다가온다. 그 '끝' 을 말 그대로 '끝' 이 아

니라 새로운 시작으로 본다면 우리의 시간관리는 상당 수준으로 발전하기 시작한다. 새롭게 시작하려면 우리는 '끝'을 맞이하는 자세를 바꾸면 된다. 적어도 모든 걸 소진하지는 않을 테고, 끝을 뭔가 '회복'하는 데 사용하려고 노력하게 될 것이다. 따라서 우리는 '균형'이라는 자세를 지향하기 시작하고, 하루, 일주일, 한 달, 일 분기, 일 년이라는 특정한 시간의 단위를 다루는 데 있어 좀 더 나은 과정과 결과를 창출하기 시작한다.

그래도 '시작'은 중요하다

그렇다. 그래도 시작은 중요하다. 시작이 무엇이냐에 따라 과정과 결과는 사실상 대부분 결정된다. 따라서 어떤 것을 시작으로 삼느냐에 따라 우리의 삶은 많이 달라진다. 대부분의 '인간'에게는 월요일이 한 주의 시작이다. 월요일이라는 날의 특성을 살펴보면 우리가 어떤 태도로 한 주를 시작하는지 바로 알 수가 있다.

우선 월요일은 사회생활의 시작이다. 학교 수업의 시작이며, 직장생활의 시작이다. 즉, 자신이 소속되어 있는 사회 속에서, 자신이 맡고 있는 역할에 충실하기 위해 준비하고 시작하는 날이 바로 월요일이라는 뜻이다. 이런 태도가 문제일 수는 없다. 진정 문제라고 지적한다면, 대부분의 크리스천들에게도 월요일이 '시작'이라는 데에 있다.

크리스천과 일반인들의 차이가 도대체 뭘까? 그냥 일요일에 교회 가는가의 여부에 불과할까? 절대 그렇지 않다. 크리스천의 가장 큰 차이는 바로 시작을, 중심을 '하나님'께 두고 있다는 데에 있다. 그렇다면 크리스천에게 있어 월요일이 시작이어야 하는지 일요일이 시작이어야 하는지는 사실상 결정이 난다.

대부분의 크리스천들이 자신의 신앙을 세상 속에서 지키느라 힘들어 하고, 자신의 믿음을 세상 생활에 반영하는 데 거의 실패하는 이유는 바로 이 출발점이 잘못된 데에서 기인한다. 한 주의 시작이 일요일이며, 그날이 주의 날이며, 그날로부터 한 주가 시작되고, 그날의 중심이 한 주의 중심이 된다면 우리의 일주일은 어떤 차이가 나겠는가? 지금 이 글을 읽는 독자들에게 묻고 싶다. 진정 당신은 '하나님' 을 중심에 두고 살고 있는가? 아니면 '세상' 을 중심에 두고 살고 있는가?

일요일은 주일이자 안식일이다

현대의 크리스천에게 일요일은 '주일' 이자 '안식일' 이다. 주일이라 함은 하나님의 날이라는 뜻이고, 안식일이라 함은 쉴 수 있는 날이라는 뜻이다. 그런데 주일이 안식일이지 못한 크리스천들이 너무 많다. 주일날 얼마나 많은 '일' 을 하는지 생각해 보라. 일주일 내내 일한 것도 모자라 일요일까지 뭔가 하려 드는 크리스천들에게 하나님은 엄중한 경고를 보내고 계신다. 안식일에는 아무 일도 하지 말려니와 객까지도 쉬게 하라는 명령을 어기고 있기 때문이다.

일주일 내내 일한 사람이 쉬지 않고 다시 월요일을 맞는다면 어떤 결과가 벌어지겠는가? 월요병이 생기는 이유는 오직 하나! 일요일에 충분히 쉬지 못하기 때문이다. 차라리 토요일에라도 쉬고 일요일에 교회에서 봉사하겠다면 그것도 좋다. 그런데 토요일에도 뭔가의 '일'

이 얼마나 많던가? 일이라는 것이 꼭 회사 일만 해당된다고 생각하지 말라. 당신이 친구를 만나고, 쇼핑을 하고, 여행을 가고, 술을 마시고, 영화를 보는 모든 게 일이다. 진정 주일에 당신이 섬기는 이가 되고 싶다면, 일요일을 또 하나의 '일하는 날'로 만들지 말고, 토요일에 푹 쉬어야 한다. 현대인들에게 휴식은 가장 강력한 시간관리 수단이다.

언제 쉴 것인가는 경쟁력이다

휴테크의 창시자 김정운 교수는 '휴식', '놀이'야말로 현대인의 가장 강력한 경쟁력이며, 우리가 GNP(국민총생산) 2만 불, 3만 불 시대를 넘어서는 데 필요한 요소라고 주장한다. 하나님이 우리에게 '안식일'을 주실 때엔 다 이유가 있다. 안식일은 일하지 않아서 경쟁력이 떨어지는 날이 아니라, 더 많은 일, 더 나은 일, 더 뛰어난 결과를 창출하기 위해 축적하고, 회복하는 날이다. 따라서 언제 쉴 것인가를 결정하는 것은 현대인들에게뿐만 아니라 현대 크리스천들에게도 매우 중요한 경쟁력 기준이 된다.

언제 쉴 것인가? 다행스럽게도 의학의 발달은 우리에게 휴식의 기준을 많이 알려준다. 모니터를 50분 이상 바라보지 말라고 권고하고, 한 자리에 앉아 2시간 이상 일하지 말라고 권고한다. 잠은 7시간 정도 충분히 자라고 얘기하며, 하나님은 여기에 일주일 중 하루는 꼭 쉬라고 명령하신다.

그렇다면 크리스천들이여, 하나님을 믿고 푹 쉬어보면 어떻겠는가? 우리의 믿음을 이럴 때 보여줄 수 있지 않을까? 하루를 푹 쉬어도, 잠을 7시간 자도 사회적 경쟁력이 뒤쳐지기는커녕 더 나아진다는 것을 보여줄 믿음은 우리에게 없는 것인지 물어보고 싶다.

좋은 계획은 좋은 결과를 만든다

월요일에서부터 금요일, 토요일, 일요일을 구분하는 습관을 들이는 게 좋다. 필자는 토요일을 크리스천의 휴식의 날로 삼으라고 권한다. 특히 주일날 교회에서 많은 일을 하는 분들에게는 토요일에 쉬는 게 매우 중요하다. 그렇지만, 습관상 토요일에 쉬는 게 그리 쉬운 일은 아니다. 따라서 꽤 많은 노력을 기울일 필요가 있다. 만일 토요일에 쉴 수가 없다면, 일요일(주일)에 그다지 많은 일을 하지 않는 게 좋다. 교회에서의 봉사도 좋지만, 그로 인해 월요일이 힘들어지고, 일주일 내내 근무에 집중하지 못하는 상황이 벌어진다면, 이는 당사자 개인의 문제가 아니라 크리스천 전체의 이미지를 나쁘게 하는 결과를 초래할 수도 있다. 최근 한국 사회에서 크리스천에 대한 시각이 과거와는 매우 다른 것을 인식한다면, 자신의 일은 자신만의 일이 아니라는 시각을 가질 필요가 있다.

하나님이 주신 가장 귀한 선물이 '시간' 이다. 시간은 우리를 풍요롭게 하고, 우리를 성장케 한다. 무엇보다 우리에게 '시간' 이 있다는 것은, 하나님께서 주신 은혜의 세계에 들어갈 수 있는 '기회' 를 얻은 것과 같다. 우리에게 주어진 시간을 어떻게 활용해야 좋은 결과를 만들 수 있을까?

최고의 해를 계획하는 방법

1년은 365일이다. 525,600분이며, 52주로 구성되어 있다. 일요일은 노는 날이며, 공휴일도 노는 날이다. 대체로 특별한 날은 다 기록되어 있으니 달력만 보면 한 해 계획이 잘 될까?

결론만 이야기하자면, 한 주 계획도 만만치 않지만 일 년 계획은 거의 손도 대지 못하는 이들이 대부분이다. 한마디로 단위가 너무 크다는 게 이유다. 게다가 대한민국 크리스천들은 달력만으로 부족하다. 서양력 중심의 달력만으로는 음력 체계가 잘 안 보이고, 거기에 교회의 주요 절기까지 더해지면 ….

그래서 마련했다. 필자의 시간계획 노하우 중 핵심 기술에 속하는, 최고의 해를 계획하는 방법을 이번 글을 통해 공개하고자 한다.

한 해의 시작은 12월부터

시작이 반이라는 말이 있다. 복잡한 의미는 차치하고, 시작의 중요성을 이야기하는 것이다. 뭐, 1월에 시작한다고 해서 나쁘다고 말할 생각은 없다. 12월이든 1월이든 한 해의 시작을 제대로 한다면 무조건 좋으니까. 문제는 1월에도 제대로 시작하지 않는 게 우리들 아니던가. 기왕이면 12월을 시작으로 삼는 게 더 유리하다는 점도 기억해 두자. 당연히 한 해의 시작을 12월로 할 때와 1월로 할 때는 많은 차이가 난다. 뭐든 남들보다 빨리 준비하면 무조건 유리하다.

게다가 12월에는 성탄절이 있다. 성탄절은 교회 행사 중 가장 공을 들이는 행사이고, 성탄절 이전부터 많은 시간을 투자한다는 점을 고려할 때, 성탄절 이전, 즉 12월 초에 한 해의 계획을 세우면 가장 좋다. 혹 그때를 놓치더라도 성탄절과 함께 한 해 계획을 세우길 권한다. 예수님의 탄생과 함께 한 해를 계획하는 것도 멋지지 않는가. 하루쯤 날 제대로 잡고 한 해를 계획해 보자. 그 시간은 분명 멋진 성과로 돌아올 것이다.

[Tip] 1년을 나누는 방법
- 개선된 4분기 시스템 : 12~2월 | 3~5월 | 6~8월 | 9~11월
- 최적의 구분 : 12~1월 | 2월 | 3~6월 | 7~8월 | 9월~추석 | 추석~11월

1월은 미래를 가늠해 보는 달

12월에 한 해를 계획했다면, 1월은 미래를 가늠해 보는 달로 삼아

보라. 필자가 1월이 되면 꼭 진행하는 것 중 하나가 '손에 잡히는 일년, 눈에 보이는 십 년'이라 불리는 미래예측 프로그램이다. 1년의 계획이란 게 사실 나 중심으로만 설계된 것이라 일 년은커녕 한 달도 맞아 떨어질 리 만무하다. 그래서 필요한 게 수시 점검과 보완인데, 특히 세상 흘러가는 흐름을 보며 정리해 보는 것은 아주 좋은 성공 습관이다. 게다가 12월에서 1월 사이에는 여러 종류의 경제 전망서와 미래예측서가 발간된다. 이 책들을 한 번이라도 읽어 본다면 생각보다 우리가 만날 미래가 대체로 예측된 대로 돌아간다는 사실도 깨닫게 될 것이다. 혹시 주식 투자나 부동산 투자 같은 재테크에 관심이 있다면 이런 책들은 필독서에 들어가야 한다.

2월부터 달리고 싶다면 설날 관리를 잘하자

12월에서 1월을 정리/준비/계획의 기간으로 본다면, 2월부터 6월까지는 한 해의 성과 대부분을 결정할 수 있는 핵심 기간이라고 할 수 있다. 그런데 이 기간을 맹렬히 달리려면 하나 짚고 넘어가야 할 게 있다. 바로 설날을 관리하는 것이다. 믿음의 크리스천 가족으로 구성되어 있다면 행복한 시기겠지만, 혼자만의 신앙을 지키는 이들에겐 곤혹스러운 기간이기도 하다. 이런 시기에 겪는 내면의 고통과 외로움은 경험해 보지 못한 이들은 절대 알지 못한다. 그러니 믿음의 크리스천들이여, 설날이 되면 이런 어려움을 겪는 이들을 위로해 보자. 그리고 그 기간을 신앙의 도약기로 삼을 수 있도록 해보자. 설날은 추석과 더불어 민족 최대의 명절에 속한다. 음력이라는 체계를 사용하는 동양에서 설날은 명실공히 최고의 명절이다. 따라서 온 가족이 만날 가능성이 있는 시기도 이때라고 본다. 한 해의 시작 시점이기 때문에 바쁘다는 핑계를 대기 힘들다는 점도 온 가족이 모이는 데 도움을 준다. 따라서 이 시기를 전도의 시기로까지 삼는다면 금상첨화가 아닐까?

3월엔 진짜 달려라

온 세상에 생명의 기운이 가득한 봄을 만끽하자. 필자가 제시하는 2/4분기의 시작점이기도 하지만, 일하기에도 달리기에도 좋은 계절의 시작이 봄이 아니던가. 대부분의 기업들도 2월까지 내부 다지기가 끝나면 3월부터는 본격적인 실적 쌓기에 돌입한다. 그런 점에서 가장 활력이 도는 달은 3월이라고 볼 수 있다. 2월부터 달리기 시작한 이들이라면 3월의 생명력을 맘껏 누리게 될 것이고, 뒤늦게 3월부터 시작한 이들조차도 3월은 일하기 좋고, 시작하기 좋은 계절임을 인식할 수 있으리라. 아이들의 학교 등교도 대체로 3월부터 시작하니 여러모로 '시작'의 의미가 있는 시기이다.

주님의 부활과 함께하는 4월

예수님의 탄생이 멋진 일일까, 아니면 예수님의 부활이 멋진 일일까? 뭐, 후자인 것 같지만 세상 이치란 게 가장 중요한 걸 가장 크게 축하하진 않는 것 같다. 대학 수석 입학은 크게 축하해도 대학 수석 졸업은 대접을 받지 못하는 걸 보면 예수님의 탄생이 예수님의 부활보다 더 유명한 건 어쩔 수 없는 것 같다. 그래도 수석 합격보다 수석 졸업이 중요한 것처럼, 탄생보다 더 의미 깊은 것이 부활절임을 잊지 말아야겠다.

부활절 이전에 반드시 찾아오는 중요한 교회 절기가 있다. 바로 '고난주간'이다. 하필이면 맹렬히 달려야 할 때 고난주간이 있다 보니 김을 빼는 게 아닌가 싶은 생각이 들지도 모르겠다. 그렇지만 기왕이면 좋게 받아들이자. 2~3월 동안 주변의 분위기에 맞춰 달리다 보면 지나침이 있을 수도 있지 않겠는가. 예수님의 고난주간을 맞아 잠시 내면의 정리를 해보는 것도 좋을 것이다. 이 멋진 시기에 채찍질당하고 못 박히신 예수님을 생각하면 도리어 정신 차리고 세상을 살 수 있지 않을까?

5월은 어린이날, 어버이날, 스승의날

아이들에게 최고의 달이고, 부모님들에겐 신경 쓰이는 달이다. 명절이 아니면서도 돈 씀씀이가 매우 높은 달이기도 하다. 그래서 봄 날씨와는 달리 가계엔 우울한 그림자가 드리우는 기간이기도 하다. 하지만 크리스천들이여, 그 비어 있는 지갑을 채워 주심을 믿어 보면 어떨까? 어린아이 같지 않으면 천국에 갈 수 없고, 부모님을 공경치 않으면 사는 날이 짧아진다고 하셨다. 일부러 지켜도 시원찮을 일들을 이렇게 국가적으로 기억하게 해주니 얼마나 멋진 나라인가. 거기에 스승까지 챙긴다면 당신은 베스트 크리스천일 것이다. 타인의 모범이 되지는 못할망정 세상 사람보다 못한 크리스천이 되지 말아야 할 시기가 바로 5월이다. 유난히 가족 행사가 많은 달인 만큼 가족들과 함께하는 시간에 초점을 맞추어 보는 시기로 삼아 보자.

6월은 상반기 성과의 마감 시한

어떤 일을 할 때 시간을 아무리 많이 주어도 막판에 갑자기 집중력이 높아지고, 성과물이 쏟아지는 게 '마감 시한 효과'라고 한다. 6월은 1년의 60~80% 성과를 달성하는 달이라고 봐야 한다. 그 이유는 7~8월은 여름인데다 덥고, 휴가라서 성과가 잘 나지 않고, 그 다음엔 또 한 번 민족 최대의 명절이라는 추석이 다가와서 그나마 집중하던 일이 중단되기 때문이다. 차라리 6월까지 한 해의 성과 80%를 낸다고 계획하는 게 낫다. 놀랍게도 그렇게 계획하면 실제로 그만한 성과가 나온다. 그렇게만 한다면 여름휴가도, 추석도 더 행복하게 보낼 수가 있다.

7~8월은 휴식과 중간 점검의 기간

일단 덥다. 더운 정도가 아니라 무덥다. 습기도 높고, 햇살은 뜨겁고, 피부는 따갑고, 불쾌지수도 높아진다. 그래서 주어진 게 여름휴가지만, 7월말/8월초에 집중적으로 이뤄지는 여름휴가는 불쾌지수를 떨어뜨리기는커녕 높이는 게 확실하다. 따라서 현명한 여름휴가 계획이 필요하다.

일단 여름휴가의 목표는 휴식임을 잊지 말자. 휴가가 일하는 것보다 더 힘들다면 무조건 잘못된 휴가라고 봐야 한다. 휴가를 다녀와서 피로가 더 쌓인다면 정신 차려야 한다. 그런 정신으로 이 세상을 잘 살아갈 수 없음은 자명하다. 그러므로 여름휴가는 가볍게, 가까운 곳에서 보내는 게 최선이다. 영화 〈해운대〉 때문에 더 유명해진 해운대에겐 미안하지만, 7월말/8월초에는 절대 피해야 할 곳이다. 도대체 그 모래사장에 백만 명이 서 있는 이유 – 근데 가능은 한가? – 를 모르겠다. 단언컨대, 사람들이 없을 때 해운대에 다녀오는 게 바다 즐기기엔 더 좋다. 물론 돈도 적게 든다.

다시 달리는 9월

1년의 3분의 1이 시작되는 시기이자, 한 해 성과의 마무리가 가늠되는 3개월이 시작되는 시기이다. 무엇보다 가을이 시작되는 달이다. 다른 이들은 어떨지 몰라도 봄보다는 가을이 여러모로 더 좋은 계절이 아닌가 싶다. 천고마비의 계절. 진짜 맛있는 게 많이 나오기 시작하고, 일하기에도 좋고, 놀기에도 좋은 계절이다. 그래서 여름에 충분히 쉬지 않으면 엉뚱하게 쉬어 버릴 수 있는 시기가 9월이기도 하다. 그러니 9월부터 정신 차리고 달려 보자. 상반기에 미진했던 성과를 만회하려면 그리 긴 시간이 남은 것도 아니니 말이다.

대충 이쯤 되면 맞이하는 추석

단언컨대 살찌는 계절이다. 다이어트의 최대 위기가 이때 찾아온다. 게다가 추석이 무엇인가? 풍성함을 즐기는 시기 아니던가. 이럴 때 선택을 잘해야 한다. 다이어트를 핑계 삼아 온갖 먹을거리를 피하면서 스트레스를 받을 것인가, 다시 다이어트를 시작하더라도 일단 먹고 보자며 젓가락을 휘두를 것인가 …. 필자라면? 당연히 후자다. 먹으라고 차려 놓은 음식을 먹지 못하는 것이 살찌는 스트레스보다 더 위험하다고 믿기 때문이다. 그리고 잘 먹는 게 못 먹는 것보다 훨씬 행복하다.

문제는 이 추석이 9월의 리듬을 한방에 깨트려 버린다는 데 있다. 징검다리 휴가까지 해서 거의 열흘을 쉬었던 해가 있었다. 추석 연휴 끝나고 난리도 아니었다. 도대체 얼마나 쉬었던지 업무 리듬 찾는 데 며칠씩 걸렸다는 이들이 수두룩했다. 필자가 볼 땐 생활 태도에 문제가 있는 것이다. 설날보다도 세심하게 자기관리를 해야 하는 게 추석이다. 바로 끊어진 리듬을 찾을 때면 이미 겨울이 와 버릴 수 있기 때문이다. 따라서 추석 연휴가 오기 전부터 세심하게 생활 리듬을 관리할 필요가 있다. 잘 관리하면 연휴가 끝나자마자 휴식의 힘으로 더 멋진 도약을 할 수 있기 때문이다. 상반기 성과가 별로였다면 더더욱 주의해야 한다.

11월, 이제 한 해의 마지막이라고 생각하자

이 글을 쓰고 있는 오늘이 11월의 마지막 날이다. 덕분에 〈큐티 성경통독〉 담당자의 애간장을 또 다 녹였다. 언제나 일정 어기는 단골 말썽 칼럼니스트가 되어 버렸다. 이번에는 기필코 날짜 안에 쓰리라 맘먹었건만 11월이 한 해의 마무리에 해당되도록 스케줄을 짜다 보니 뭔 일이 이렇게 많은지 …. 프로젝트의 후반부 마무리 회의는 매주 두세 차례씩 열리고, 그 와중에도 고객들에게 최종 PT에 앞선 브리핑을 이어가야 하고, 내/외부 강의까지 더해지니 정신이 없다.

그래도 11월을 잘 마무리해야 행복한 12월을 맞을 수 있다. Happy Christmas를 맞으려면 11월이 중요하다. 크리스마스 때 엉망진창인 한 해를 부여안고 후회하는 것보다 11월에 잘 마무리해서 하나님께 감사하고, 이웃에게 베푸는 크리스마스를 맞는 게 멋지지 않겠는가?

1년이란 시간을 돌아보면 길고, 복잡한 것 같아도 하나님이 만드신 오묘한 패턴이 여기저기에 숨어 있다. 이를 발견하고, 잘 적용하는 건 모든 크리스천들의 몫이다. 좀 더 현명하게 한 해를 설계해 보자. 주간 단위로 계획을 할 때 최대 1년 정도는 계획해 두는 게 여러모로 효과적임을 미리 말해 두고 싶다. 1년을 잘 계획하는 사람은 10년도 잘 계획할 수 있는 힘을 갖게 된다.

올해부터는 당신의 스케줄에 주님의 절기까지 담아 보길 권하고 싶다. 물론 지금 이 순간, 필자의 스케줄에도 교회 절기가 담길 것이다. 멋진 한 해를 위해, 함께 파이팅!

크리스천의 만점 직업 만들기 프로젝트
취미를 직업으로? 사명을 직업으로!

사명? 와~ 느낌이 좋다. 비전? 멋진 단어다. 꿈? 더 멋진 단어다. 도전? 끝내주는 단어다. 열정? 이쯤 되면 예술이다! 직업? 글쎄, 갑자기 김빠진다. 이상하다. 직업이 있어야 돈도 벌고, 사람도 만나고, 공부도 하고, 비전이나 꿈도 생기고, 도전이나 열정도 생길 수 있는 건데 우리에게 직업은 힘 빠지고, 재미 없고, 의미 없고, 지루하고, 도망가고 싶은 그런 대상이다.

여기에 회사 생활이라고 표현하면 김빠지는 게 한층 더하다. 우리네 삶의 대부분을 차지하는 일이 잠자는 것 다음으로 직장생활하는 것인데, 심각해도 보통 심각한 게 아니다. 하물며 크리스천들이 이런 상황이라면 …. 아, 심각하다. 머리 아프다. 가슴 아프다 …. 그래서 필자는 고민 끝에 이 문제를 한번 건드려 보기로 했다. 크리스천의 만점짜리 직업 만들기 프로젝트! 제목이 거창하다고? 맞다, 거창하다. 보통 일이 아니다. 필자는 그런 일을 한다. 왜냐면 도전적이니까, 열정이 샘솟으니까, 어려워도 의미 있으니까. 그게 필자의 사명이니까.

결국 직업이 결정한다, 꿈도! 비전도! 사명도!

좋든 싫든 인정할 건 인정하자. 우리가 생각하는 직업이 없다면 우리에겐 꿈도, 비전도, 사명도 다 말도 안 되는 목표에 불과해진다. 성공학? 간단히 얘기하면, 꿈과 사명과 비전을 이뤄주는 직업을 찾아서, 그 직업을 잘 수행하게 하는 학문일 뿐이다. '그러려면 어떤 직업을 선택하는가'가 사실상 꿈과 비전, 사명을 실현하게 만드는 셈이다. 그래서 직업의 선택은 중요하다. 직업, 직장 이런 단어가 좀 구태의연하고, 가슴이 막히는 것 같아도 여기서부터 출발하지 않으면 우리네 미래는 어제나 오늘이나 달라질 게 전혀 없다.

결국 가장 좋은 직업은, 사명을 지킬 수 있고, 꿈과 비전을 이룰 수 있도록 도와주는, 아니 직업 자체가 그런 걸 반영할 수 있어야 좋은 직업이 된다. 그런 직업이 어디 있냐고? 음, 필자도 무조건 존재한다고 주장하긴 힘들다. 사실 찾기 힘든 건 사실이니 말이다. 그러나 없다고 말할 수도 없다. 누가 뭐래도 필자만큼은 그런 직업을 갖고 있다고 자부하는 사람이니 말이다. 만점짜리까지는 아니지만, 상당히 만점에 근접한 직업을 갖고 있으니 제대로 노력하면 당신도 분명 그런 직업을 가질 수 있다. 필자의 말을 믿어라! (먼저 믿는 건 크리스천의 기본 태도임을 잊지 말자!)

일단 제대로 된 사명부터 찾는 게 먼저다

꽤 오랫동안 필자를 괴롭혔던 문제가 하나 있다. 아무리 봐도 성공할 수밖에 없도록 노력하고, 그에 걸맞은 능력까지 갖춘 사람인데 성공하지 못하는 경우가 생각보다 많은 것이었다. 처음엔 보는 데서만 열심히 하는 줄 알았다. 그런데 알면 알수록 진짜 무섭게 열심히 하는 사람들이 있다. 그런데도 이상하게 성과가 나지 않는다. 그래서 그런 사람들은 이렇게 얘기한다. 운이 없다느니, 잘 안 풀린다느니 말이다. 뭐, 그 사람들은 때론 그렇게 치부해도 된다. 하나님이 없다고 주장하는 사람들이니 말이다. 하지만 필자로선, 성공학을 연구한다는 직업을 가진 필자로선 넘어갈 수 없는 문제였다. 게다가 한때 필자도 그런 사람이었다. 노력과 무관하게 잘 안 풀리는 ….

결론? 해법? 물론 찾았다. 무려 5년이란 시간이 걸렸지만, 필자는 그에 대한 답을 찾고야 말았다. 바로 '하나님이 원하시는 길을 가느냐'의 여부가 그 결정적인 요인이었다. 하나님이 세상을 창조하시고, 하나님이 당신을, 나를 창조하셨다. 그런데 당신이나 나나 같은 사람이긴 한데 달라도 너무 다르다. 지구상의 70억 명이 진짜 달라도 너무 다르다. 하나님이 정말 효율적인 분이심을 안다면, 당신이 물리학, 천문학, 생물학을 공부하면 이 세상이 얼마나 효과적으로 움직이는지 감탄할 거라 자부한다. 사람들을 굳이 이렇게 다르게 만들 이유가 없다. 그냥 똑같이 태어나게 하는 게 가장 효율적이지 않은가? 그런데도 다른 이유는, 애당초 달라야 하기 때문이라는 결론에 이르렀다. 당신과 내가 다르고, 지구상의 70억 명이 모두 다른 이유는, 만드신 하나님이 저마다 다른 목적을 갖도록 만드셨기 때문이다!

그래서 사명은 만드는 게 아니라 찾는 것이다. 하나님이 나를 만드신 이유를 찾고, 그 이유에 맞는 삶을 사는 게 첫 번째 관문이다. 입장 바꿔 생각해 보라. 하나님이 실컷 만들어 놓은 어떤 '존재'가 만든 목적대로 살지 않고 엉뚱한 곳에서 힘 빼고 있으면 도와주기는커녕 가는 길을 막지 않겠는가? 왜냐고? 간단하다. 너무 사랑하시니까. 사랑하는 존재가 위험하고, 거짓되고, 엉뚱한 길을 가는데 사랑 많으신 하나님이 그냥 보고 계실 리 만무하다. 그래서 가는 길마다 막아 서서 제대로 가길 원하시니 일이 잘 풀릴 수 없는 것이다. 어떻게 하냐고? 간단하다. 하나님이 원하시는 길을 가라는 것이다. 일단 그게 첫 번째다. 당신이 현재 머물러 있는 그곳, 하고 있는 그 일이 잘 안 풀린다면 - 물론 노력했는데 안 풀릴 때를 얘기한다 - 한번 진지하게 고민해 보자. '하나님이 과연 이 회사를, 이 직업을 갖기 원하실까?' 라고.

좋아하는 일 말고 잘하는 일을 하라

성경을 읽어 보면 각각의 책이 저마다의 개성을 지니고 있다. 특히 예수님의 직계 제자들이 쓴 책들은 저마다의 직업과 성격을 잘 반영해서 적고 있다. 그럴 수밖에 없다. 그가 살아온 삶은 곧 직업으로 묻어나니 말이다. 하나님이 우리를 다르게 만드실 때는 다 이유가 있다.

필자가 강사로 한창 주가를 올리기 시작할 때 이런 질문을 해본 적이 있다. 기왕 주실 거 멋지고 튼튼한 성대를 주실 것이지 어찌 일반인들보다도 약한 성대를 주셨을까 하는 질문이었다. 물론 지금은 그 답을 찾았다. 한마디로 말하면, 필자에게 만점짜리 직업은 '강사'가 아닌 것이다. 적어도 하루 8시간씩 주 5일 동안 강의만 하는 강사가 되라고 필자를 만드신 건 아니라는 뜻이다. 솔직히 목소리가 튼튼하고 멋진 강사들을 보면 얼마나 부러운지 모른다. '저 사람들 정도의 성대만 되었어도 몇 배의 돈을 벌 텐데 ….' 하고 생각도 많이 해봤다. 그런데 안 주신 걸 어쩌랴. 괜히 안 주신 것에 집중하면 불만이 생기고, 주신 복도 잊는 수가 있다.

놀라운 것은, 안 주신 것도 있지만 주신 것도 많다는 것이다. 필자에게 주신 몇 가지 탁월한 능력 덕분에 이만큼 먹고 살게 된 것도 감사한 일이 아니던가. 게다가 강사로 살아가는 과정에서 얼마나 많은 도움을 주셨는지 모른다. 예전에 사업을 할 때 이렇게만 도우셨어도 수백 억짜리 사업도 했을 텐데 아쉽기 그지 없다. 그렇지만, 그때 이만한 도움을 주셨다면 지금 필자는 이 자리에 없을 것이다. 망가질 대로 망가져서 평생 후회하며 살아갔을 지도 모른다. 지금 생각해 보면 아찔하기 그지 없다. 그 당시 왜 그리 오만하고 자만했는지 …, 아는 것도 별로 없는 젊은이가 잘난 척은 얼마나 했는지 …. 정말 이만한 게 다행이라는 생각을 많이 한다. 그때 하나님이 돕지 않으신 것, 오히려 막으신 것에 이제는 정말 감사할 따름이다. 돌아볼수록, 살아볼수록 하나님은 필자를 정말 정말 사랑하시는 것 같다.

우리는 하나님이 주신 선물에 집중해야 한다. 하나님은 우리에게 놀라운 장점을 주셨다. 당신이 모를 뿐이다. 성미 급한 베드로 덕분에 물 위를 걷는 기적 이야기를 우리는 들을 수 있었고, 너무 똑똑해서 스데반을 죽게 만든 바울 덕에 기독교의 토대가 얼마나 발전했는지 생각해 보라. 다 이런 식이다. 하나님은 놀라운 방식으로 우리의 '장점'을 들어 쓰신다. 그러니 세상 사람들이 뭐라 해도 당신에게 주신, 당신 그대로의 장점에 집중할 수 있어야 한다. 그런 직업을 찾을수록 당신은 행복할 수 있고, 성공할 가능성도 높아진다.

잘하는 일은 쉬운 일이다

수십 년이 걸려도 절대 이뤄지지 않을 것 같은 두 가지 일을 2009년에 목격했다. 수영에서 한국 선수가 1등 한 것과 피겨에서 한국 선수가 1등 한 것이다. 하여간, 대단하다. 한국 사람들의 피 속에는 정말 특별한 유전인자가 존재하는 것 같다. 기반도 약하고 지원도 없는 분야에서 갑자기 1등이 나타난다. 놀라울 수밖에 없는 일이다. 더 놀라운 것은 태어날 때부터 수영을 잘해서 수영 선수가 된 게 아니란다. 건강해지려고 수영을 하다 보니 수영을 잘하게 된 거란다. 거 참, 지금 수영장 다니는 수많은 사람들 기를 팍팍 죽이는 말이다.

사실 장점은 본인이 모를 때가 많다. 게다가 가끔은 오히려 시작점에서 불리할 때도 많다. 박태환 선수의 이야기나 아놀드 슈왈츠제네거의 이야기를 들어보면, 되려 일반인들보다 몸이 약해서 수영을, 보디빌딩을 시작했다고 한다. 장점에 맞는 직업을 갖게 되면 성장 속도가 무척 빠르다. 한 헬스 트레이너가 필자에게 들려준 이야기는 한술 더 뜬다. 한두 시간 운동만으로도 근육이 변하는 사람들이 존재한다는 것이다. 그래서 그런 사람들이 보디빌딩을 하면 유리하다고 한다. 그런 반면 어떤 사람은 근육은 강해져도 모양 자체가 그리 특별하게 변하지 않는 이들도 있다고 한다. 이런 사람들은 열심히 운동해도 보디빌딩에서 성공하기 힘들다.

　모든 사람이 모든 일을 할 수 있을지는 몰라도, 모든 사람이 모든 일을 다 잘할 수는 없는 법이다. 어떤 사람들은 돈을 '잘' 벌지만, 잘 '쓰지'는 못할 수 있다. 그렇지만 어떤 사람은 돈을 잘 '벌지'는 못해도 '잘' 쓰는 사람들이 있다. 두 사람이 힘을 합치면 멋진 결과가 나타난다. 워렌 버펫은 자신의 재산 400억 달러를 멜린다 게이츠 재단에 기부하면서 이렇게 말을 했다. 자신보다 빌 게이츠 부부가 자선활동을 더 잘할 것 같아서 기부했단다. 탁월한 결정이 아닐 수 없다.

　지금까지 당신이 한 일 중에서 너무 쉽게 해냈는데 주변에서 잘한다고 칭찬한 일을 찾아보라. 하나님이 당신에게 특별한 능력을 주신 것을 잊지 말자. 그 능력 덕분에 우리는 그 '특별한' 일을 남들보다 수월하게 해낸다. 그래서 박태환 선수는 수영에서 탁월한 역량을 보이는 것이고, 김연아 선수는 피겨에서 탁월한 역량을 보이는 것이다. "누구나 노력하면 될 수 있다." 같은 말로 사람들을 현혹해선 곤란하다. 필자가 노력한다고 해서 박태환 선수처럼 되긴 힘들다. 왜 그러냐고 묻지 말라. 괜히 변명만 늘여 놓는 것처럼 보일 것 같으니까. 아무튼 안 되는 건 안 되는 거다. 괜찮은 폼은 가질지 몰라도 1,500미터는 무리다. 1,500미터를 걸으라고 해도 숨이 찰 것 같은데 물 속이라니 …. 아마 그 전에 기절해서 물에 가라앉을지도 모르겠다. 그래서 필자는 절/대/로 1,500미터 왕복 수영은 하지 않는다. 그냥 열심히 50미터 헤엄친 후, 수영한 시간의 몇 배를 쉰 다음에 다시 50미터 수영하는 게 전부다.

혼자 버티지 말고 손을 벌려라

솔직히, 히딩크가 오기 전까지 한국 선수들의 개인기가 뛰어나다는 생각을 하지 못했다. 필자뿐이 아니었을 것이다. 그래서 항상 우리는 개인기가 약해서 브라질이나 유럽 선수들을 못 이긴다고 생각했다. 그런데 히딩크는 이렇게 얘기했다. "한국 선수처럼 개인기가 뛰어난 선수들을 본 적이 없다." 라고. 그러면서 더 충격적인 이야기를 남겼다. 체력이 너무 떨어진대나 …. 그래서 선수들이 타이어를 끌기 시작하고, 독특한 달리기 – 옆에서 보는 것만으로도 숨 넘어갈 만큼 힘든 – 를 시작했다. 그리고 월드컵에서 4강에 진출했다. 그 다음부터 일본은 계속 우리보다 밑이다. 참 신기하다. 분명 일본이 투자는 더 많이 했는데 말이다. 만일 히딩크가 일본에 갔다면 어떤 일이 벌어졌을까? 뭐, 일본 선수들은 못 버텼을 것이라는 말도 있지만, 일본 사람들이 끈기나 저력 이런 점에서 결코 뒤질 사람들이 아니니 아마 한국은 영원히 일본 축구를 못 넘었을 지도 모른다.

혼자선 아무것도 못한다. 아무리 좋은 장점을 가져도, 아무리 좋은 직업을 가져도, 결국 팀 플레이가 이긴다. 예수님의 열두 제자 시스템은 땅끝까지 예수님의 증인이 되도록 만들었다. 수천, 수만 명의 제품 개발자 덕분에 새로운 휴대폰이 나오고, LED TV 같은 게 우리 손에 들려진다. 모든 건 협업이다. 직업을 가질 때 기억할 게 있다. 서로 다른 직업을 가진 사람들이 모여야 시너지가 난다는 사실이다. 그러니 좋은 직업을 혼자 일하는 것으로 생각하진 말자. 필자가 1인 창조기업 전문가라는 사실을 아는 이들은 필자가 엉뚱한 이야기를 한다고 오해할지도 모르겠다. 하지만, 1인 창조기업이 아무리 좋아도 네트워킹이 되지 않으면 무용지물이다. 그런 점에서 당신이 몸담고 있는 회사는 별 것 아닌 것 같아도 다 그렇게 존재하는 이유가 있다.

혹 회사 시스템은 인류가 만들어낸 가장 효율적인 직업 시스템이라고 극찬받는다는 것을 아는가? 혼자 연주를 하고, 혼자 운동을 하는 직업군들은 보통 의무교육 외에 15~20년 동안 개인적인 노력을 기울여야 한다. 솔직히 당신이 그 직업을 갖기 위해 혼자만의 특별한 교육을 몇 년이나 받았는지 생각해 보라. 보통 4년, 길어야 6~8년이다. 그런 당신이 회사에 가서 큰소리칠 수 있는 건 당신의 노력만이 아니라 당신의 회사 시스템이 만든 효과가 대부분이다. 그러니 회사 생활을 그리 미워하진 말자. 생각을 바꾸면 생각보다 현재의 회사, 현재의 상사, 현재의 직업이 괜찮아 보일 때도 많다. 게다가 그 직업을 부러워하는 사람들이 생각보다 많다는 점도 기억하자.

하나님의 선물을 깨닫기 전까지는 그게 선물인지도 모를 때가 대부분인 게 우리 '인간'이란 존재들이다. 적어도 우리가 크리스천이라면, 가진 모든 힘을 발휘해 현재의 위치에서 최선을 다할 필요가 있다. 그렇게 3년 정도 하고서도 성과가 안 난다면, 이 글의 처음으로 돌아가자. 3년이나 했는데도 발전이 없다면 대체로 그건 당신과 맞지 않는 일이다.

이쯤이면 만점 직업을 찾는 조언이 되었는지 모르겠다. 어찌 보면 막연하고 두루뭉술할 것 같지만, 진실은 의외로 단순하다는 것도 진리가 아니던가. 크리스천들이여, 오늘의 고민이 내일의 만점 직업을 만드는 만큼 지금부터 만점 직업 만들기 프로젝트에 도전해 봄은 어떻겠는가?

11

크리스천 미래 준비 프로젝트
그날이 오기 전에 그날을 준비하기!

'골드만삭스'란 회사가 있다. 세계 최대 투자 금융 기관이며, 직원 1인당 평균 연봉이 약 6억 원 정도 된다는 기사가 실린 적도 있다. 유럽의 금융 위기도 삼켜버릴 만큼 거대한 능력을 가진 회사라니, 우리가 알고 있는 모든 상상을 동원해도 쉽게 느껴지지 않을 회사가 '골드만삭스'가 아닐까 싶다.

그런데 이 회사가 아주 도발적인 전망을 하나 냈는데, 그게 바로 2050년, 대한민국이 세계 2위가 된다는 전망이었다. 그것도 미국에 조금 뒤지는 수준이며, 세계를 주름잡는다는 중국도 이기고, 맨날 사이가 불편한 일본도 이기고, 얼마 전까지 수출 세계 1위였다는 독일도 이기고, 우리한테 KTX를 설치해 준 프랑스도 이긴다는 뜻이다. 거기엔 당연히 미국과 맞짱 떴던 러시아도 이긴다는 이야기까지 포함되어 있다.

Oh, my God! 진짜 이런 일이 벌어질까? 휴~ 상상만 해도 전율을 느낄 만한 이야기다. 그때쯤 되면 통일은 당연히 되어 있을까? 통일이 되면 어떤 일이 벌어질까? 여름휴가로 평양을 다녀오고, 가족들과 김일성별장에 갔다 오는 일이 진짜 가능해질까? 정말 멋질 것 같다.

그런데 그런 날이 와도 절~대 즐길 수 없는 부류도 존재할 것이다. 바로, 그런 날을 '준비하지 않은 누군가들'이다. 혹시 그 부류에 당신이 … Oh~ No~ 있어서는 안될 일이다. 21세기 크리스천이 되는 또 한 걸음, 바로 '미래 준비'에서 시작됨을 이 글에서 이야기해 보고 싶다.

그날은 아무도 모른다, 하나님 빼고~

세상의 종말은 언제일까? 필자가 단언컨대, 2050년이 되기 전에 아마 이 땅에 휴거설 같은 주장이 수십 번은 더 나올 거라는 사실이다. 요사이 지진도 부쩍 잦은 걸 보면 그 어느 때보다도 그런 주장이 생기기 딱 좋은 시기이기도 하다. 아이티나 칠레를 안타깝게 보는 시각을 넘어 이를 하나님의 심판 정도까지 생각하는 건 위험하기 그지없는 발상이다. 일단, 그날은 아무도 모르기 때문이다.

미래에 대한 크리스천들의 인식은 확실하다. 이 땅에 심판의 날이 온다는 것이다. 게다가 예수님은 "이 세대가 지나가기 전에 모든 일이 다 이루어지리라." 같은 말씀까지 남기셔서 불안감이 더해지기까지 한다. 그렇지만, 예수님께서 확실하게 말씀하신 것은, "오직 그날과 그때는 아무도 모르고 하나님만 아신다."라고 하셨으니 우리가 열심히 준비하는 데에 아무런 문제가 없다는 것도 꼭 이야기해 주고 싶다. 괜히

게으름 피우다가 결혼식날 초대를 받지 못한 처녀 취급을 받거나 주인이 돌아올 때를 준비 못한 종이 되어 미움을 받아선 곤란하지 않겠는가? 게다가 성공의 핵심 기술 중 하나가 미래를 준비하는 것이니 누구보다도 열심히 미래를 준비하는 건 이래 저래 멋진 일임이 틀림없다.

미래를 예측하지 않으면 준비는 당연히 되지 않는다

퀴즈를 하나 내겠다. 밭에 콩을 심으면 무엇이 열릴까? 콩? 오~ 놀랍다. 그럼 하나 더 해보자. 만일 밭에 팥을 심으면 뭐가 날까? 팥? 오, 서프라이즈! 대단하다.

이 두 가지 문제를 확실하게 맞췄다면 당신은 미래 예측의 절반은 배운 셈이다. 바로, 오늘 내가 뿌린 씨앗이 미래에 열매를 맺는다는 것이다. 미래 예측은 참 쉽다. 바로 오늘부터, 바로 과거부터 출발하기 때문이다. 지금 당신이 배가 나온 건 과거부터 지금까지 음식을 먹은 것보다 활동량이 적어서이다(대체로 그렇긴 한데 아파서 나온 분도 계시니 예외 사항이 없다고는 못하겠다). 당신이 공부를 못하는 건 공부를 해야 할 때 대체로 안 한 탓이고, 당신이 돈을 잘 벌지 못하는 것은 돈을 버는 법을 제대로 배우지 않은 탓이다.

하나님의 형상을 닮은 우리 인간은 여러모로 뛰어나긴 한데, 결코 실수함이 없으신 하나님과 똑같이 만들어진 게 아니다 보니 실수가 생각보다 많은 것도 어쩔 수가 없는 것 같다. 그중 굉장히 많이 저지르는 실수 하나가 뿌린 씨앗과는 다른 열매를 기대하는 것이다. 남들보다 일찍 자고 늦게 일어나면서 성공하길 바라는 것도 그중 하나고, 남들보다 덜 벌고 더 많이 쓰면서 부자가 되려고 하는 것도 그중 하나다. 정말이지 대한민국에 사는 사람들 중 삼분의 일 정도는 이런 생각으로 살아가는 것 같다. 그래서 자기계발 강의를 아무리 해도 변화를 경험하는 사람은 극소수일 수밖에 없는지도 모르겠다. 필자는 적어도, 그 속에 당신과 같은 크리스천은 없었으면 좋겠다. 하나님께서 그런 식으로 열매를 주지 않으시니 말이다.

물론 가끔 기적도 존재한다. 당신이 하나님의 계획 속에 있고, 당신이 하나님을 신뢰하고, 하나님 보시기에 당신이 선하다면 우리의 생각을 뛰어넘는 '기적'이 일어나는 경우도 있지만, 밭에 뿌린 콩이 열매를 맺는 것도 인간이 하는 게 아니라 하나님께서 하시는 것이기에, 우리는 매 순간 기적 속에서 살아간다고도 할 수 있다. 그러니 오늘 뿌린 씨앗으로 미래의 열매를 맺는 태도를 키우는 건 매우 중요하다.

미래를 예측하는 두 번째 방법은, 당신이 뿌린 건 아니지만 주변 사람들이 뿌리고 있는 씨앗을 보면서 상상해 보는 것이다. 확실히 예전에 비해 사람들은 더 열심히, 치열하게 일하고 있다. 따라서 과거에 비해 앞으로 더 풍요롭게 살아갈 수 있을 것이다.

과학은 대체로 더 발전할 것이고, 각종 가전 기기는 집집마다 기본적으로 들어갈 가능성이 높다. 그러나 그와 함께 인간이 행복해질 기회는 점점 줄어들고 있다. 주요 선진국들의 행복지수가 생각보다 높지 않은 걸 봐도 그렇고, 돈이 행복의 전부가 아닐진대 돈을 행복의 전부로 보는 시각이 많은 것도 인간이 감정적으로는 점점 척박하게 살아갈 거라는 걸 예측하게 해준다. 사람들은 점점 뚱뚱해지고 있고,

사람들은 정서적으로 점점 메말라가고 있다.

대체로 미래예측이라 함은 세상이 어떻게 돌아갈 것인지를 맞추는 것이다. 사람들이 몰리는 땅과 주식을 알면 재테크는 너무 쉬울 수밖에 없다. 금융 위기 중에도 금융 위기를 예측한 사람들은 엄청난 부를 일궈냈다. 확실히 미래를 예측한다는 것은 성공에 절대적으로 유리한 고지에 올라서는 것과 같다.

하지만, 행동하지 않으면 결과는 절대 얻을 수가 없다

새벽부터 눈이 많이 온다는 일기예보가 있었다. 물론 출근 시간 전부터 눈이 많이 내렸고, 창문을 열어 보니 정말 눈이 많이 오고 있다. 당신이라면 어떻게 하겠는가? 차를 가지고 가겠는가, 아니면 지하철이나 버스를 타겠는가? 너무나 당연한 결론에 이를 것 같지만, 놀랍게도 꽤 많은 사람들이 도박을 했다. 눈이 아무리 많이 와도 나는 운전이 가능하며, 내 차는 절~대 눈에 미끄러지지 않을 것이며, 평소처럼 출근해도 내가 탄 지하철이나 버스는 절~대 막히지 않고 제 시간에 도착할 것이라고 말이다.

미래예측이 어려운 것 같지만, 사실 우리는 미래를 대충 짐작하고 있다. 그 이유는, 그 미래를 당신과 내가 속해 있는 '우리'가 함께 만들어가기 때문이다. 그래서 "아무것도 몰라요."라는 대답은 솔직히 거짓말에 가깝다. 대부분의 대학생들은 대학이 자기의 취업을 보장하지 못할 것임을 알고 별의별 활동을 다하고 있다. 하지만, 막상 취업 시즌이 되면 대학 탓, 사회 탓, 심지어 기업 탓을 하면서 자기는 최선을 다했다고 얘기한다. 정년이 무너지고, 고용이 불안해지고, 명예퇴직으로 회사를 그만두어야 하는 중년들이 많아지고 있다고 아무리 떠들어도 나는, 우리 회사는 해당되지 않을 거라고 믿어 버리는 사람들이 있다. 그러면서 운명의 날이 나에게 닥치면 어떻게 회사가 나를 배신할 수 있냐고, 이 세상에 새로운 회사도, 새로운 직업도 없는 것처럼 자포자기해 버린다. 대한민국에 1천만 개의 회사가 있다는 것은 한 번도 들어본 적이 없다는 듯이, 이 세상에 내가 다닐 회사가 더이상 없다는 듯이 행동을 한다.

필자가 상담을 할 때, 상담 주제는 크게 두 가지로 나뉜다. 무엇을 하면 좋을지와 어떻게 하면 좋을지이다. 그리고 그 두 가지 주제는 항상 이 문제를 함께 수반한다. '언제'라는 시점이 바로 그것이다. 변화를 언제 하면 좋을까? 미래를 언제부터 준비하면 좋을까? 다행히도 자기계발 전문가인 필자는 그 답을 알고 있다. 게다가 당신에게 무료로 공개할 준비까지 되어 있다.

정답은 바로, 당장, 지금, Now이다. 놀랍지 않은가? 너무 간단하다. 미래에 성공하고 싶다면 지금 당장 변화에 도전하면 된다. 그날이 왔을 때 하나님께 '내 아들아, 내 딸아' 하는 초대를 받기 원한다면 지금 당장 그렇게 살면 된다. 고민할 필요가 무언가? 그런데 우리는 고민한다. 솔직히 필자도 고민한다. 그래서 더 심각하다. 답은 아는데, 행동할 수 없는 것. 차라리 모르면 몰랐다고 변명이나 할 수 있고, 용서나 받을 수 있지만 알면서도 안했다면 그건 용서도, 변명도 될 수가 없다. 그래서 미래는 참 힘들고 어려운 지도 모르겠다.

두 손을 움켜 쥐고선 아무것도 얻을 수가 없다

당신이 지금까지 살아온 데 대해 박수를 쳐 주고 싶다. 참 열심히 살았고, 참 열정적으로 살아온 거라 확신한다. 요즘 그렇게 사는 사람이 없다. 그래서 정말이지 박수를 많이 쳐 주고 싶다. 그런데, 지금까지 살아온 방식이 안 맞을 때가 있지 않겠는가? 초등학교 때는 맞던 무언가가 중학교, 고등학교 때는 안 맞는 게 있지 않았던가? 그렇다면 작년까지, 오늘까지 해오던 무언가가 내일 맞지 않거나 내년에 도움이 되지 않을 수도 있지 않을까? 이제 당신에게 필요한 건, 놓는 것이다. 버림, 지움, 비움의 미학이 필요한 바로 그 시점이다. 움켜쥐라고 강조하는 시대에 버리라니 제정신이 아닌 것 같지만, 놀랍게도 예수님은 그렇게 말씀하신다. 다 버리고, 나를 따르라고 ….

예수님께는 열두 제자가 있었다. 놀랍게도 그들은 예수님께서 "나를 따르라."라고 하시자 다 버리고 따른 사람들이었다. 요즘 같으면 주변에서 미쳤다고, 이기적이라고, 무책임하다고 욕했을 행동을 바로 해버린 사람들이다. 그런데 그들이 만든 이 세상을 살아보니 그들이 '그분' 처럼 느껴지고, 그분들의 행동이 너무 멋지게 느껴지지 않는가? 예수님처럼, 열두 제자처럼 살아가는 게 우리의 목표가 아니던가? 사도 바울처럼 살겠다고 맹세한 게 우리가 아니던가?

그렇다면 우리는 지금부터 노력을 시작해야 한다. 당장 되지 않더라도 하나씩 버리면서 미래를 준비할 필요가 있다. 통장에 돈을 저축하기보다 주변에 돈을 기부하기 '시작' 해야 하고, 집안에 가구를 들여놓는 것보다 하늘 곳간에 보화를 쌓는 것을 시작해야 한다. 그러려면 현재의 관점에서 벗어나 미래의 관점으로 이 세상을 바라볼 필요가 있다.

지금 당신이 부러워하고 있는 누군가가 있을 것이다. 자세히 살펴보라. 아마 그분은 갑자기 부러움의 대상이 된 게 아니라, 아무도 그렇게 살지 않을 때 적어도 수십 년을 '오늘'이라고 불리는 그 '미래'를 위해 투자 하신 분일 것이다. 그 수십 년의 시간이 더해지고, 그분의 노력이 더해지자 오늘날 남들이 다 부러워하는 삶을 살고 있는 것이다. 그 과정에 예수님이 얼마나 큰 기적을 더하셨겠는가? 아마도 '예수님 보시기에 좋지 않으셨을까' 싶다.

예수님을 믿는다고 소리치는 것보다 예수님이 하라고 하신 행동을 하며 살아가는 게 더 멋진 미래를 만드는 방법이다. 예수님은 우리에게 말씀을 주셨고, 몸소 여러 가지를 실천해 보이시면서 "나를 따르라."라고 하셨으니 우리는 그대로 살면 된다.

미국의 한 사회학자가 연구한 결과, 놀랍게도 하나를 주면 네 배가 되어 돌아온다는 사실을 발견했다. 그러나 우리는 여전히 네 개를 받고 하나만 주는 데 더 익숙해져 있다. 들판에 피어나는 들꽃 한 송이도, 하늘을 나는 이름 모를 새 한 마리도 다 기억하고 입히신다는 하나님께서 당신과 나를 보살펴 주지 않을 거라 생각하는가? 그러니 예수님처럼 살아가는 연습을 오늘부터 시작하면 어떨까?

기왕이면 선언해 보자

미래를 향해 달려가는 사람들이 겪는 공통된 어려움 중 하나가 주변 사람들의 시선이다. 지지를 해주면 좋을텐데, 왜 그렇게 사냐면서 핀잔을 주거나 비난 정도라도 하기 시작하면 감정적으로 평온을 유지하는 게 쉽지가 않다. 그럴 때 당신을 지지해 주는 누군가가 있다면 큰 힘을 얻을 수 있을 것이다.

오늘부터 당신이 어떻게 살아갈 계획인지 주변 사람들에게 꼭 알려보자. 처음엔 핀잔을 주고, 비난을 해도 당신의 말이 하나 둘 맞아 떨어지기 시작하면 그 사람들은 곧 당신의 지지자가 될 것이고, 당신의 한마디, 당신의 행동 하나에 주의를 기울이기 시작할 것이다. 때가 되면 반대자들을 맞서는 데 든든한 지지자가 될 것이며, 당신이 걸어가고자 하는 길을 가는 동반자가 될 수도 있다. 그러니 당신은 자신있게 당신이 가려는 길을 알려야 한다.

크리스천임을 알리면 사람들은 당신이 크리스천이라고 생각하고 반응하기 시작한다. 비난하는 사람들도 있을 것이고, 멀리하는 사람들도 있을 것이다. 하지만, 크리스천이기에 함께하는 사람들도 있을 거라는 사실을 잊지 말자. 예수님은 뜨겁든지 차갑든지 하라고 하셨지, 미지근한 삶을 살라고 하지 않으셨다. 당신이 불신자를 사랑하는 것과, 그 사람과 같은 생각, 같은 행동을 하며 살아가는 건 다른 문제이다.

당신이 믿고 있는 미래는 분명히 온다. 심판의 날이 올 것이고, 부지런한 사람이 인정받을 것이며, 정직한 사람이 대접을 받을 것이다. 이런 걸 우리는 진리, 원칙이라고 부른다. 과거의 역사를 공부하는 이유는 바로 진리는 과거에서나 현재에서나 변하지 않기 때문이다. 그 진리를 배우고 익히며 살아간다면 당신도 언젠가 훌륭한 크리스천이 될 것이며, 언젠가 존경받는 크리스천이 되리라 확신한다. 필자도 그렇게 살고자 노력 중이며, 그런 삶을 통해 당신에게, 누군가에게 좋은 영향을 주고 싶다. 언젠가 하나님께서 "내 아들아!" 하시며 품으실 그 날을 꿈꾸고 있다.

이제 선언할 일만 남았다.
당신이 꿈꾸는 그 미래를 위해, 그 열매를 가져다 줄 한 알의 밀알을 뿌리는 일 말이다.
준비되었는가?

03

지식*독서*학습

지혜로운 크리스천 되기

한국의 기독교 역사를 깊이 알지는 못해도, 한국 사람이라면 기독교가 한국 역사 발전에 얼마나 많은 영향을 끼쳤는가에 대해서는 어느 정도 공감대를 형성하리라 생각한다. 일제 강점기 때 일부 기독교인들이 친일을 하는 등의 아픈 기억도 있지만, 사실상 배움의 기회를 박탈당하던 시기에 기독교인들이 세운 학교에서 우리의 할아버지, 할머니들이 배웠고, 그 덕분에 우리의 아버지, 어머니가 배울 수 있는 기반이 세워진 것이 사실이다. 이렇듯 상당수의 기독교 기관들이 한국 역사에 긍정적인 활동들을 많이 해준 건 분명하다.

그런 과거의 영광에 비해 현재의 기독교는 빛이 많이 바래 있는 것도 사실이다. 필자가 보는 가장 큰 문제는 배울 수 있는 것 자체가 경쟁력이었던 시대에 배울 기회를 가졌던 과거 기독교 지식인에 비해, 현대의 기독교인들은 별로 나을 게 없다는 것이다. 지금은 누구나 엄청난 학습 기회를 가질 수 있는 시대이다(이는 하나님의 복이기도 하다. 할렐루야!). 그런 점에서 기독교인들이 과거의 영광을 회복하려면, 여러 면에서 과거와는 다른, 차별화되고 개선된 학습 전략이 있어야 하지 않을까? 이 글을 통해 지혜로운 기독교인들이 될 수 있는 여러 가지 방법들에 대해 논해 보고자 한다.

학습은 기술이 아니라 시스템이다

이미 성공학에서도 '성공 기술' 보다는 '성공 시스템' 이 더 바람직하다는 데에 이견이 없다. 기술이 필요 없다거나 무시하자는 게 아니라, 기술만으로는 우리가 원하는 '결과' 를 얻을 수 없다는 것이다. 인류가 지금까지 발전한 데에는 더 나은 '학습 시스템' 개발이 있었기 때문이고, 이제 우리 현대인들은 미래 사회를 대비하기 위한 새로운 학습 시스템 개발이 필요한 시점에 이른 것이다.

필자가 운영하는 회사에서는 'STAR College' 라는 최고급 강사/코치 과정을 운영하고 있는데, 그 과정에 적용하고 있는 학습 시스템 원칙이 바로 'STAR Learning System' 이다. 이 글에서는 'STAR' 로 함축되는 학습 시스템의 원칙을 살펴보고자 한다.

S – Study 공부하기

필자가 다녔던 대구의 고등학교는 역사가 90년이 넘은 명문 사립고등학교인데, 교훈이 "여호와를 경외함이 지혜의 근본이라"(시 111:10)였다. 매주 한 차례 열리는 예배를 잘 드리면 성적이 높아지리라 생각했던 이들도 적잖이 있지 않았을까 하는 생각도 종종해 본다. 하지만 공부하지 않고 높은 성적을 바라는 것은 적어도 하나님의 방식은 아니라고 생각한다. 하나님이 주신 능력 안에서 우리가 최선을 다한다면 많은 지식을 충분히 배울 수 있다. 그런 점에서 열심히 공부하는 것은 지혜로운 크리스천이 되기 위한 첫 번째 조건이다.

그러나 성경을 읽을 때 성경에 대한 정보가 많다고 해서 성경에 대한 이해가 높아지는 건 아니다. 성경 퀴즈 대회에서 1등을 놓치지 않는다고 해서 그 사람이 신앙적으로 앞선다는 보증이 될 수 없고, 수많은 성경 구절을 암송한다고 해서 그 사람이 신앙인으로서 제대로 살아간다는 보증이 될 수 없는 것과 같은 이치이다.

T - Teaching 가르치기

강단에 서서 강의를 하다 보면 사람들이 다 이해했다는 듯이 고개를 끄덕이는 것을 종종 보게 된다. 하지만 실제로 우리가 이해했다고 하는 내용의 대부분은 이해한 상태가 아니라 '알 것 같다' 정도가 바람직한 해석이 아닐까 싶다. 그런 점에서 가르치는 사람들은 힘든 직업이면서도 학습에는 매우 유리한 직업을 갖고 있는 셈이다. 학습의 관점에서 '가르치는 것'은 '읽는 것'의 10배 가까운 효과가 난다고 하니 말이다. '행동하는 것'을 제외한다면, '가르치는 것'은 학습의 최고 수준이라고 말할 수 있다.

그렇다면 우리는 가르칠 기회를 많이 가지고 있는가? 안타깝게도 사람들 앞에 나서는 것 자체를 힘들어하는 이들이 너무 많다. 혹자는 죽음 다음으로 무서운 것이 대중 앞에 서는 것이라고 말하기까지 했다. 그렇다면 가르치는 것은 요원하다. 게다가 그 두려움을 극복한다고 해서 가르치는 일을 성공하는 것도 아니다. 제대로 가르치려면 관련 분야에 대해 상대적 우위의 정보량을 지녀야 하고, 그것을 세련되게 전달하는 능력도 갖추어야 한다. 지식을 가지고 있는 것만으로는 그 지식의 가치를 제대로 뽑을 수가 없다. 즉, 서비스 능력이 없다면 그 지식은 결국 극히 제한된 활용만이 가능하게 된다.

A – Action 체험하기

스티븐 코비에게 한 강사가 질문을 했다고 한다. 당신처럼 유명한 강사가 되기 위해서 해야 할 일이 무엇이냐는 질문에 스티븐 코비는 "가르치는 대로 행하라."라고 답변했다고 한다. 자신이 가르치는 내용대로 살고, 자신이 경험한 대로 가르치는 것이야말로 가장 완벽한 학습이 아닐까? 모든 사람이 강사가 되고, 코치가 되어야 하는 시대에 경험과 지식을 접목하는 것이야말로 최고의 학습 전략이 아닐까? 자신만의 경험(스토리)을 가진 강사의 눈빛과 표정, 목소리에는 강인한 의지와 힘이 들어 있기 마련이다. 리더십 측면에서도 행동하는 리더의 영향력이 그렇지 않은 리더에 비해 탁월할 수밖에 없다는 결론을 내리고 있다.

R - Relationship 함께하기

효과적인 학습의 마지막 원칙은 혼자 공부하는 게 아니라 함께 공부하는 것이다. '동문수학(同門修學)'이라는 말이 있다. 한마디로 함께 공부한다는 뜻이다. 실제로 함께 공부할 때, 이해력과 암기력, 집중력 등이 향상된다는 결과도 있다. 게다가 다양한 토론을 통해, 혼자였다면 도달하지 못했을 깊이의 이해도 가능하고, 다양한 관점에서의 해석도 가능하다. 과거처럼 한 가지 문제에 한 가지 답변이 존재한다고 믿었던 시대에는 혼자 공부하는 게 가능했을지 몰라도, 현대처럼 한 가지 문제에 수십 수백 개의 답이 가능하다고 믿는 시대에는 혼자 공부하는 것보다는 다양한 접근법을 고민하는 방법이 훨씬 효과적이다.

함께한다는 것은 생존율과 성공률을 모두 높이는 중요한 기술이다. 무엇보다 혼자서는 절대 얻을 수 없는 것들을 배울 기회를 갖게 되고, 나아가 어려운 순간에 도움을 얻을 수 있는 이들을 가진다는 점에서 혼자 공부하는 것과 비교할 바가 되지 못한다. 치열한 경쟁이 존재하고, 기독교에 대해 반목이 깊어지는 이 시기에 기독교인들이 얼마나 '함께' 하고 있는지 자문해 봐야 할 것이다.

지혜는 하나님으로부터 온다는 사실을 우리는 믿고 있다. 아니, 그게 진리이다. 그렇다면 그 지혜를 잘 접하려는 노력은 매우 중요하다. 그리고 그 지혜를 잘 나누는 것도 멋진 일이다. 우리가 맞서야 할 세상은 언제나 우리를 쓰러뜨리려 노력하지 않던가. 이제부터라도 이 땅에 지혜로운 크리스천들이 가득하면 좋겠다. 분명 하나님이 기뻐하실 일일 테니까.

성경 1년 10독 통독을 위한
효과적인 실천 방법

　이 글을 쓰는 것 자체가 무조건 성경을 1년에 10번 통독 해내야 한다는 의무감을 강해지게 만든다. 이제 못하면 어쩌나, 같은 생각은 하지 않을 것이다. 필자의 교회에서는 '1년 10독 통독운동'을 온 성도가 함께하고 있다. 필자도 시작하는 마음에서, 그래도 독서법 전문가의 입장에서 이 글을 써본다.

　가장 중요한 건, 성경통독을 하고 싶어야 하고, 10번을 1년 안에 읽고 싶다는 마음을 갖는 것이다. 그런 소망 없이는 수많은 기술을 동원해 본들 모두 실패하기 마련이다. 그래서 하나님을 알고자 하는 소망, 성경을 읽고자 하는 소망을 '방법' 수준으로 넣지 않았다. 그런 마음이 들지 않는다면, 차라리 예배에 충실하고 새벽 기도 모임에 나가기를 힘쓰자.

첫째, 통독하기에 좋은 시간을 확보하자

독서를 하지 못하는 사람들의 60%는 '시간이 부족하다'는 답변을 한다. 하지만, 우리에게 시간이 없던 적은 없었다. TV를 볼 시간도 있고, 잡담할 시간도 있고, 쇼핑할 시간도 충분히 있다. 물론 독서할 시간도 확보할 수 있다. 다만 성경을 통독하기로 목표를 세웠다면 주어진 하루 시간 중에서 성경을 읽을 시간을 반드시 가져야 한다는 것이다. 그러기 위해서는 뭔가 포기를 해야 하겠지만, 그 포기는 더 나은 가치를 얻기 위한 선택임을 알고, 자신있게 추진해 가야 한다. 보통 새벽이 가장 좋은 시간이지만, 새벽에 한두 시간씩 확보하는 게 쉽지 않을 수 있다. 일단 새벽에 어느 정도 읽은 후, 낮 시간 혹은 밤 시간 중에라도 부족한 시간을 확보할 필요가 있다.

둘째, 통독하기에 좋은 장소를 확보하자

일단 조용한 게 좋다. 시끄러운 장소에서는 책에 집중하기 어렵기 때문이다. 음악이 흘러도 가사 없는 잔잔한 음악 정도가 좋다. 물론 주변에 시선을 빼앗는 것들이 많으면 곤란하다. 서재나 조용한 거실에서 읽는 게 좋고, 회사라면 회의실을 활용해 보는 것도 좋다. 카페에서 읽는 것도 좋지만, 사람들이 북적이는 곳은 피하는 게 좋다. 하나님과의 교제의 시간이 누군가에게 방해받을 수 있다고 생각해 보라. 그런 상황을 피하고 싶지 않겠는가?

셋째, 통독하기에 좋은 성경책을 준비하자

한 권을 너덜 너덜하게 읽는 것도 좋지만, 적합한 성경책을 여러 권 다양하게 선정하는 것도 좋다. 필자는 서너 권의 다른 성경책을 활용하는 편이다. 주석도 살펴보고, 때로는 사전도 뒤지면서 읽곤 한다. 이동할 때는 귀에 꽂고 음성으로 듣는 것도 권해주고 싶다. 그렇게 많은 성경책을 어디다 쓰느냐고? 간단하다. 다 읽은 후 귀한 분들에게 선물하면 된다. 굉장히 의미 있는 선물이 될 것이다.

넷째, 통독하기에 좋은 벗들과 함께하자

놀랍게도 혼자 읽을 때보다 여럿이 모여 읽을 때 집중력이나 속도가 향상된다. 혼자 묵상하는 것도 좋지만, 서로 모여서 함께 읽어보는 것도 좋다. 또 혼자 읽더라도 함께 그룹을 지어서 서로를 격려하는 건 성경을 통독하는 데 아주 좋은 방법이다. 하나님 안에서의 교제가 풍성해지는 효과도 덤으로 얻을 수 있다.

다섯째, 멈추지도, 포기하지도 말자

처음 성경통독을 할 때는 이해도 잘 되지 않고, 시간도 많이 걸린다. 그러나 성경을 읽으면 읽을수록 속도는 빨라지고 이해도 잘 되기 시작한다. 중요한 건 포기하지 않는 것이다. 포기하지 않는 한 성경

10독의 기회는 얼마든지 존재한다. 설사 10독을 하지 못한들 어떤가? 중요한 건, 당신이 포기하지 않고 다음 해에 또 도전하는 것이다.

필자도 하나님을 안 지 20년이 넘었지만, 성경은 겨우 몇 차례밖에 읽지 못했다. 이제서야 10독에 도전하는 필자 자신의 모습이 부끄럽지만, 앞으로 포기할 생각은 없다. 언젠가 1년에 10독을 하게 되고, 20독도 하게 되리라 믿는다. 절~대 포기하지 말자.

성경 읽기를 통해 배우는 독서법

크리스천으로서 성경을 읽는다는 것은 하나님과 교제하는 가장 기본적인 신앙 활동이다. 하지만 성경을 읽는 게 그리 녹록하진 않다. 성경은 생각보다 두꺼워서 잠잘 때 쓰기에 편할 정도이고, 글자는 너무 작아서 눈이 아플 정도이고, 종이는 너무 얇아 찢어질까 걱정이 될 정도이니 말이다. 그러다 보니 평생에 성경책 한 번을 끝까지 읽지 못하는 성도들이 얼마나 많은지 걱정이 될 정도이다.

'패턴리딩'이라는 독서학습법을 개발한 필자는 이런 문제를 해결해야겠다는 의무감 같은 것을 늘 안고 살았고, 이번 글을 통해서 성경책을 읽는 새로운 기법을 몇 가지 제공해 보고자 한다.

성경에 접근하는 몇 가지 방법들

필자는 성경에 대한 다양한 접근법이 효과가 있다고 생각한다. 다음에 제시하는 여러 가지 방법 중에서 가장 쉽게 시작할 수 있는 것을 골라 골고루 병행해 본다면 성경에 대해 깊은 이해를 더할 수 있을 것이다.

첫 번째, 순서대로 읽어 보자. 우리가 평상시 읽는 방식이다. 성경 66권의 순서대로 읽는 것이다. 아주 어릴 때부터 교회에 다녀본 이들은 노래로 성경의 순서를 외우기도 했을 것이다. 이 방식은 가장 쉽게 시작할 수 있지만, 가장 유지하기 힘든 기법일 가능성이 높다. 일단 성경이 엮인 순서는 역사순도 아니고, 난이도 순도 아니다. 성경이 이렇듯 섞여 있다 보니 스토리 형성도 쉽지 않고, 레위기 혹은 역대상/하 정도에 이르면 포기할 수밖에 없는 한계에 이르기도 한다.

두 번째, 역사순으로 읽어 보자. 성경을 너무 신성시(?)하다 보니 역사책과 병행해서 읽으려 하지 않고, 성경 자체가 역사로부터 마치 괴리되어 있을 것 같은 느낌 때문인지 역사적 관점으로 볼 기회가 없다. 게다가 성경 자체가 역사순으로 되어 있지도 않다. 조병호 박사님의 『성경통독』은 그런 점에서 매우 유용한 참고서이다. 역사를 공부하다 보면 우리가 익숙하게 느끼는 용어나 인물들도 등장하게 되고, 그런 내용들이 성경 내용의 이해에 참고가 되는 경우가 많다. 가끔은 성경의 인물들과 동시대에 살았던 사람들을 함께 비교해 보는 것도 좋은 방법이 될 수 있다.

세 번째, 소설처럼 주인공이 되어 읽어 보라. 학창 시절에 굉장히 감명 깊게 읽은 소설 중에 『예수님이라면 어떻게 하실까』라는 책이 있었다. 그 책을 읽고 나서 한동안 충격에 빠졌던 기억이 난다. 소설이 우리에게 감동을 주는 것은, 우리가 그 소설의 주인공이 되어 그 상황을 경험하는 과정에서 현실에서는 맛보지 못한 새로운 관점을 획득하기 때문이다. 내가 아브라함이라면 이삭에 대해 어떤 느낌이었을지, 노년에 아이를 갖는다는 느낌이 어떠했을까를 생각해 보면 삶 전반에 있어 관점의 변화를 많이 경험할 수 있다.

네 번째, 입장을 바꿔서 읽어 보라. 조병호 박사님의 『성경통독』을 읽다가 노아의 홍수를 '하나님의 눈물'로 비유하신 부분에서 놀라움과 감동을 느끼는 것은 비단 필자만의 경험은 아니라고 본다. 하나님의 마음으로 성경을 읽는 것은 서구에선 감히 상상조차 할 수 없었던 시도이다. 물론 이런 접근이 하나님의 마음을 완벽하게 이해하도록 도와주는 유일한 방법은 아닐 것이다. 다만, 성경을 통해 말씀하고 계신 하나님의 마음을 엿볼 수 있다는 점에서 감히 권해보고 싶은 방법이다.

다섯 번째, 한 구절 한 구절을 소중하게 읽어 보라. 필자가 좋아하는 구절은 빌립보서 4장에 있는 "내게 능력 주시는 자 안에서 내가 모든 것을 할 수 있느니라"라는 구절이다. 이 구절 덕분에 자칫 인간 중심의 성공학으로 빠질 뻔한 필자의 삶의 방향이 수정되어, 성경 중심의 성공학을 찾게 되었다. 최근에는 "여호와를 경외함이 지식의 근본"(잠 1:7)이라는 구절을 가지고도 많은 은혜를 받기도 했다. 하나의 방법이 유일한 완전 기술이라고 주장하게 되는 오류만 범하지 않는다면, 이렇게 한 구절 한 구절을 음미해 보는 건 살아가면서 큰 도움이 되는 방법이다.

여섯 번째, 비유를 담은 이야기로 읽어 보자. 예수님의 말씀을 살펴보면, 하나님은 비유로 말씀을 하셔서 하나님의 뜻을 이해하는 은혜를 가려서 주신다고 하셨다. 성경의 여러 부분에서 비유는 우리에게 또 다른 경험의 창을 열어준다. 길가의 돌덩이도 하나님의 자녀로 만들 수 있다는 비유쯤에 이르면 우리가 가질 수 있는 은혜가 얼마나 감사한 것인지 새삼 느끼고도 남음이 있다. 성경의 곳곳에서 수많은 비유의 이야기들이 주는 감동으로 성경을 보는 것도 성경에 대한 하나의 접근법이 될 것이다.

일곱 번째, 소리 내어서 읽어 보자. 성경 암송 대회에 나가서 일등하고 싶은가? 그럼 반드시 해야 하는 읽기 기법이 바로 음독이다. 즉, 소리 내어서 읽는 기법이다. 인간의 뇌는 자극이 다양할수록 더 선명하게 기억하는 경향이 있다. 소리를 낼 때도 억양을 넣어서 읽게 되면 이해의 폭도 넓어지고, 기억도 더 선명하게 되는 효과가 있다. 필자의 경험으로 보면, 손으로 여러 번 쓰는 것보다 소리 내어 여러 번 읽는 게 더 효과적이었다. 학창 시절에 암기 과목은 전부 교과서를 십여 번 읽고 외워서 시험을 쳤고, 그 결과가 꽤 괜찮았기에 적극 추천하고 싶은 방법이기도 하다.

여덟 번째, 주석을 가지고 읽어 보자. 필자가 운영하는 북카페에는 책장 두 개 분량의 종교/철학 서적이 있다. 그중 1/2~1/3 가량 차지하는 게 신학 서적이다. 대부분은 물론 주석서이다. 목사님이 아니면 이 해하기 힘든 내용을 담은 전문 잡지도 읽어보곤 한다. 성경도 다양한 버전을 가지고 있고, 제대로 공부할 때는 각종 사전과 주석을 놓고 공 부를 한다. 난 일반 성도니까 주석은 필요 없다고 무시하기보다는 주 석을 한 분의 목사님 삼아 성경을 접해 보는 것도 좋은 방법이다. 이 방법은 일단 시간이 많이 걸린다. 따라서 성경을 쭈~욱 읽을 때 활용 하기보다는 특정한 주제나 부분을 놓고 적용해 보면 좋다.

아홉 번째, 성경통독 캠프에도 참가해 보라. 원래 독서는 혼자 하기 힘든 학습 기법이다. 우리 선조들도 오죽하면 동문수학을 했겠는가? 그래서 독서실에서 혼자 구석에 앉아 성경을 읽는 것은 유일한 접근 법이라고 소개하고 싶지 않은 기법이다. 필자도 아직까지 성경통독 캠프에 참가하지 않은 예비 참가자일 뿐이지만, 조만간 관련 캠프에 참가해 보고 싶은 마음을 갖고 있는 순수한 한 명의 성도로서 제안하 는 바이다.

열 번째, 맘대로 읽어라. 하나님의 마음을 읽는다는 데 어떤 방법인 들 나쁜 게 있겠는가? 당신이 밥을 먹으면서 읽다가 성경책에 양념이 묻는다고 해서, 성경을 읽다가 잠이 와서 베개로 삼는다고 해서 아예 읽지 않는 것보다 나쁘다고 말할 이가 어디 있겠는가? 성경이 자신에 게 가까운 대상이 되지 않는데 어찌 성경 읽기가 수월해지겠는가?

지금 이 글을 쓰는 이유는 필자도 이런 방법들을 다 시도해 보진 않 았지만, 시도하고픈 마음이 가득하기 때문에, 또 그런 방법들이 필요 하기 때문에 제안하는 것이다.

자, 지금 하던 일을 잠시 멈추자. 음악은 잠시 끄고, 기왕이면 휴대폰도 꺼두면 좋다. 방문은 닫고, 잠시 눈을 감고 심호흡을 하자. 그리고 옆에 있는 성경책을 펴고 딱 한 장만 읽어보자. 시작이 반이랬다. 한 장이 두 장이 되고, 두 장이 세 장이 되며 한 권의 성경이 되고, 성경 전체로 이어진다.

독자님들만 열심히 하라는 염치없는 작가는 되고 싶지 않으니 필자도 오늘부터 한 장씩 도전해 보겠다. 포기하지 말자. 습관이 될 때까지 모든 도전은 불편한 게 정상이니까.

창의적인 습관이 만드는
창의적인 크리스천

아이디어의 시대라고 한다. 과거의 것은 나쁜 것이고, 오로지 새로운 것, 혁신적인 것이 좋다고 여긴다. 이런 시대가 마냥 좋기만 한 것은 아니지만, 그 덕분에 더 나은 수준의 삶이 형성될 수 있다는 점은 높이 평가할 만하다. 구한 말 기독교인들이 이 땅의 지식인을 자처했던 것처럼 21세기 창조경영의 시대, 창의성의 시대에 발맞춘, 뛰어난 Creative Christian이 이 글을 통해 탄생할 수 있기를 바라는 마음으로 이 글을 시작해 본다.

[습관 하나] 다양한 분야의 지식을 습득하라

우리가 잘 아는 발명가 중에 '에디슨'이란 사람이 있다. 엄청난 발명가였던 그는 여러 유명한 말도 남겼는데, 그중 하나가 '발명은 출처를 숨기는 기술'이라는 명언이다. 즉, 본인이 발명한 건 아니지만, 그 아이디어가 어디서 나왔는지 주변 사람들이 모른다면 자신의 발명이 되어 버린다는 뜻이다.

창조성에 대해 연구를 해보면, 창조성은 지금까지 나와 있지 않은 어떤 것을 완전히 새롭게 '창조'한다는 개념이 아니라는 사실을 발견하게 된다. 엄연히 그 영역은 신의 영역, 하나님의 영역이다. 우리가 흔히 표현하는 창조성을 제대로 정의하자면, 효용성이 높은 새로운 접근법, 정도가 되지 않을까? 필자는 '창의성'이 정확한 표현이라고 생각하지만, 일단 사람들이 '창조'라는 단어를 워낙 많이 쓰니 이 부분은 넘어가야 할 것 같다. 아무튼, 기존에 있는 무언가를 재정의한다거나 재접근한다면 그것만으로도 창조적이라고 말할 수 있다. 기존과 '다른' 접근과 생각은 창조성의 근간이 된다.

한 가지 분야의 전공자들이 한때는 각광을 받았지만, 지금은 한 분야의 전문성으로는 다른 사람을 이해시키기도 힘들고, 본인도 이해하기 힘들어 하는 게 대부분이다. 창조성을 떠나서 이제는 '컨버전스(convergence: 여러 기술이나 성능이 하나로 융합되거나 합쳐지는 일)'라는 단어로 서너 개의 분야가 동시에 구현되어지는 제품들이 눈에 띄게 늘고 있다. 단순한 전화는 이미 사라졌고, 음악만 재생되는 MP3 플레이어도 곧 찾아보기 힘들어질 것이다. 이런 시대에 다양한 분야의 지식을 접근하고, 나아가 이를 섞을 수 있다면 당신은 대박의 주인공이 될 수도 있을 것이다.

[습관 둘] 다양한 경로로 정보를 접해 보라

우리 사회에 많은 사람들이 일부 보수 신문을 싸잡아서 비난하곤 한다. 물론 그 반대의 사람들도 엄청나게 존재한다. 뭐, 서로 그럴 수 있다. 수천 만 명이 살아가는 대한민국에서 의견이 하나밖에 없는 것도 문제라면 문제일 수 있으니까. 정작 문제는 엉뚱한 곳에 있다. 비난하다 보니 아예 그쪽 분야의 정보를 접하지 않는 것이다. 그러면서 서로를 틀렸다고 비난하는데, 이건 잘못돼도 한참 잘못된 것이다.

창의성은 대체로 차이를 제대로 인지하는 데서 시작한다. 그 차이가 어떻게 해서 생겨나는지 이해하고, 그중에서 더 나은 대안을 찾아내는 게 창의적 인재들의 역할이다. 그런데 상대가 왜 나랑 다른지를 이해할 생각 없이 무조건 반대한다면 창의성은 요원할 수밖에 없다. 평범한 사람으로 살고 싶다면, 그냥 비난하고 살아도 된다(그래도 당신이 크리스천이니 … 그 행동이 좋다고는 못하겠다). 하지만, 창의적인 인재가 되고 싶다면, 상대의 관점을 수용은 못해도 왜 그런 차이가 나타나는지에 대해서는 명확하게 알 필요가 있다.

신문을 읽을 거라면 논조를 달리하는 여러 종류의 신문을 읽어야 한다. 신문만으로도 부족하다. 신문은 신문대로, 잡지는 잡지대로, 책이나 TV도 그 나름의 역할이 있다. 창의적인 생각을 해내려면 다양한 관점의, 다양한 경로의 정보를 접하는 노력이 필요하다. 슬픈 일이지만, 기독교 세계도 참 많은 분야와 흐름이 존재한다. 그래야 할 이유가 있으리라 믿는다면, 그 이유가 무엇인지 제대로 한 번 알아보면 어떨까? 모르면서 누군가의 옳고 그름을 비난하는 것은 큰 죄악이 될 수도 있다는 사실을 기억하자. 게다가 차이를 모른다면 이 글의 핵심인 '창조성'은 물거품이 될 수밖에 없다. 창조적인 크리스천이 되고 싶다면, 오늘부터 왜? 라는 의문을 많이 가져야 한다. 그래야 제대로 된 사실에 접근할 수 있고, 그때에만이 창조적인 대안을 찾을 수 있는 가능성이 생겨난다.

[습관 셋] 다양한 직업을 가진 사람들과 만나라

앞서 이야기한 것들과 일맥 상통하는 이야기이기도 하지만, '사람'을 다룬다는 점에서 세 번째 습관은 매우 중요하다. 어떤 도구에 담긴 지식들은 일단 현 시점에서 '과거'의 지식일 가능성이 높고, 나름대로 정리가 되어 있긴 하지만, 가장 깊은 내용이거나 모든 내용이라고 볼 수가 없다. 게다가 어느 정도 배경 지식이 쌓여 있지 않다면 읽어본들 제대로 이해할 리 만무하다.

그럴 때는 그냥 전문가를 만나는 게 낫다. 몸이 아플 때 의학서적을 그제서야 찾아서 읽는 건 어리석은 행동이다. 그냥 의사를 만나서 묻는 게 제일 좋다. 법률적인 조언이 필요하다면 변호사를 만나고, 자기계발의 고민이 필요하다면 필자를 만나는 게 빠르다. 문제는, 사람을 만나다 보면 자신과 공통점이 많은 사람들과 친해지는데, 이게 너무 심해져서 자신과 '똑같은' 특성을 가진 사람이 아니면 친해지지 않는 것이다.

단언컨대, 공통성이 높은 이들과 친해질 수는 있어도 의미 있는 것들을 교류하는 것은 아주 어려워진다. 공통점이 많다는 건 서로가 가진 것이나 안 가진 것이나 비슷해지는 것이고, 결국 의미 있고 도움이 되는 것들을 주고받을 가능성은 사라지는 것이다.

다양성이 높은 사람과 만나는 게 쉬운 일은 아닐 것이다. 하지만, 그런 다양함이 섞여야 서로 교류가 이뤄지고, 서로에게 도움이 되는 것들이 쉽게 오갈 수 있게 된다. 어떤 자동차 세일즈맨이 다른 자동차 세일즈맨에게 차를 팔려고 할 것이며, 어떤 보험사원이 타사 보험사원에게 보험을 팔려고 노력하겠는가? 거래란 항상 서로 다른 것을 주고받는 것이란 것쯤은 이제 알아야 할 때가 아닐까?

[습관 넷] 잠을 푹 자라

불과 몇 년 전까지만 해도 좋은 대학에 가려면 4시간만 자야 한다는 말이 있었다. 글쎄, 지금도 이런 말을 믿고 있는 학생이나 학부모님은 안 계시길 바라지만, 아직도 계시다면 이 점은 분명히 짚어 드려야 할 것 같다. 독서와 학습의 전문가로서 단언컨대, 수면이 부족하면 새로운 정보를 익히거나 새로운 아이디어를 끄집어 내는 건 절대 잘될 수가 없다. '충분한' 수면은 이제 현대인들의 성공 조건 중에서 상위에 있을 정도로 중요한 습관이라는 점을 기억해야 한다.

우리가 해온 대부분의 일들은 어쩌면 반복되는 일이라고 볼 수 있다. 반복되는 일의 특징은 어느 정도의 피로 상태에서도 그 일을 유지하는 데 어려움이 크지 않다. 그러나 현대 사회에서 새롭게 만들어지는 일들의 특징은 과거의 방식으로 되지 않는 것들이 대부분이다. 따라서 새로운 무언가를 배울 때는 컨디션이 좋아야 한다. 좋은 컨디션

하에서 좋은 생각이 나오는 것이다. 창의적인 생각이 성공의 핵심 요인이라면 수면은 이제 성공의 절대적인 요건이라고 해도 과언이 아니지 않을까?

시간관리 전문가로서 주변 사람들을 지켜보면, 물론 필자 자신도 포함하는 이야기이다. 하루 중 깨어 있는 시간을 너무 함부로 사용하고 있다. 깨어 있는 시간을 소중하게 사용하면 얼마나 많은 일을 하루 동안 할 수 있는지 모른다. 그렇게 살아보지 않고서는 절대 느낄 수 없는, 엄청나게 생산적이면서도 결실이 좋은 하루를 매일 살 수 있는 것이다. 그렇다면 굳이 잠을 줄여가면서 일할 필요는 없지 않을까? 우리가 낮 시간 동안에 제대로만 한다면 야근도, 밤샘도 줄어들 수 있다는 점을 기억하자. 푹 자고 깨어 있는 시간에 '집중' 하자. 그게 훨씬 낫다. 생산성으로나 행복함으로나 ….

[습관 다섯] 작은 실험을 지속하라

수만 권의 책을 읽어도 책 속의 지식은 현실에서 완벽하게 들어맞지 않는 경우가 많다. 일단 과거의 지식인데다 글쓴이도 모르고 쓴 내용이 많기 때문이다. 따라서 책에 있는 내용, 머리로 배운 내용은 반드시 실험을 해서 보정할 필요가 있다. 그런데 실험을 하라고 해서 똑같이 하는 것은 매우 어리석은 것이다. 낭떠러지에서 떨어지면 죽는지 시험해 보고자 똑같이 할 필요는 없지 않겠는가? 1미터쯤 되는 높이에서 달걀 하나만 떨어뜨려 보아도 알 수 있는 일을 굳이 확대해서 하는 우를 저지르진 말자. 실험을 하되, '작은 실험' 을 하는 센스를 가져야 한다.

작은 실험의 효과는 상당하다. 일단, 실험을 하는 것만으로도 학습효과가 배가된다. 우리는 무언가를 행하는 것으로 학습의 깊이를 더해가기 때문이다. 따라서 책상에서 배운 내용만 가지고 있는 이들보다는 작은 실험이라도 해본 사람이 그 내용을 더 오래 가지고 있고, 그 내용을 다양하게 응용할 가능성도 높아진다. 어려울 줄 알았던 일이 너무 쉽다는 사실을 발견하거나, 만만하게 본 어떤 일이 어렵다는 사실을 알게 되면 우리는 그만큼 신중하고, 정확하게 그 일을 할 수 있는 준비가 되는 셈이다.

맛있는 커피를 먹어본 사람이 커피 한 잔의 소중함을 더 깊이 제대로 알 수 있다. 필자가 북카페를 준비하면서 매일 빼먹지 않았던 게 바로 하루 한 잔의 카페라떼(에스프레소 커피에 우유거품을 얹은 커피)를 마시는 것이었다. 북카페 창업이라는 큰 그림은 쉽게 그려지지 않았지만, 매일 한 잔의 커피를 마심으로써 그 목표에 한 발 더 다가가는 느낌도 각인했고, 의지도 더 불태울 수 있었다. 그러니 책상머리 지식으로만 두지 말고, 작은 실험을 반드시 해보도록 하자.

[습관 여섯] 감추지 말고 최대한 상의하라

에디슨이란 발명가는 "1%의 영감에 99%의 노력이 더해져야 훌륭한 발명이 된다."라고 말한 적이 있는데, 필자는 이를 응용해서 "1%의 자기 아이디어에 99%의 남의 아이디어가 더해져야 현실적인 아이디어가 된다."라고 말하곤 한다.

솔직히 우리가 알면 얼마나 알겠는가? 그러니 주변 사람들의 아이디어를 더하는 것은 축복 중의 축복이다. 문제는 아이디어가 새나간다는 이유로, 주변 사람들이 베낄 것이라는 이유로 아이디어를 혼자 키워가는 어리석은 사람들이 너무 많다는 것이다. 슬픈 일이지만, 그럴 일은 절대 생기지 않을 테니 염려 같은 건 붙들어 매는 게 좋다. 솔직히 최초의 아이디어는 본인에게야 멋지겠지만, 황당무개한 경우가 훨씬 많다. 게다가 이미 제품이 나온 줄도 모르고 혼자 엄청난 아이디어인 줄 아는 사람들도 많고, 현실적으로 전혀 유용하지 않은 아이디어임에도 본인에게 도움이 된다는 이유로 착각하는 발명가도 부지기수이다. 게다가 주변 사람들조차 신뢰하지 못하면서 어떻게 그 아이디어를 현실화할지 걱정스럽기조차 하다.

이제 어떤 일이든 누군가를 신뢰하지 않고 할 수는 없다. 그러니 자신의 아이디어를 감추지 말고, 주변 사람들에게 말해주고 검증을 충분히 받는 게 좋다. 필요하다면 그들의 아이디어도 더해서 이전의 아이디어보다 더 멋지게 만들어 가는 게 더 중요하다. 수많은 제품들이 대박의 결과를 낼 줄 알고 만들어지지만, 대부분의 제품은 바로 당신의 손에 들어오지도 않고 사라진다는 사실을 잊지 마시라.

[습관 일곱] 기도하고 예배하고, 성경을 묵상하라

필자가 학창시절 후 이런 저런 방황기를 거치고, 맘 잡고 신앙생활을 하면서 느끼는 것은 여호와는 정말 지식의 근원이시고, 지식의 창조자이시라는 게 진리라는 것이다.

우리가 아무리 많은 책을 보고, 아무리 많은 경험을 해도 이 세상 지식의 지극히 일부만을 접할 뿐이다. 아무리 노력해도 모든 책을 읽을 수 없고, 아무리 노력해도 모든 경험을 할 수 없는 우리가 무언가를 안다, 모른다고 하는 것만큼 오만인 게 또 있을까?

여호와를 경외하고, 여호와께서 주시는 깨달음을 우리 삶에 적용하면서 살아가는 것만큼 창조적인 삶이 또 있을까 싶다. 성경에 나와 있는 잠언조차도 평생 실천하기가 힘들진대 하물며 세상의 지식을 내 것으로 만들겠다는 시도만큼 어리석은 것은 없다. 하나님을 경외한다는 것은 지식 앞에서 겸손해진다는 의미이기도 하다. 지식 앞에 겸손한 사람은 그렇지 않은 사람보다 새로운 것을 배울 가능성이 높고, 자신의 얕은 지식에 기대려는 시도를 멀리 하는 게 보통이다.

그런 점에서 성경을 깊이 묵상하고, 자주 읽는 것은 아주 좋은 습관이다. 경건한 기도의 시간을 자주 갖는 것도 좋은 일이고, 찬양과 예배를 생활화하는 것도 아주 좋은 열매를 맺을 거라 확신한다. 필자는 가끔 예배 시간에 많은 아이디어가 떠오르곤 하는데, 그때마다 경험하는 것은 하나님께 다가갈수록 지혜로워지고, 지식이 샘솟는다는 것이다. 그러니 기도하고 예배하고, 성경을 묵상하자. 여호와를 경외함이 창조성의 근본임을 깨닫게 될 것이다.

태초에 하나님이 천지를 창조하시니라 … 아멘!

하나님의 길은 좁다. 좁기 때문에 많이들 가지 않고, 오히려 외면한다. 크리스천이 이 세상에 절대 다수가 될 수 없고, 크리스천이 이 세상에 유일한 믿음이 될 수 없다. 하나님의 세계는 그렇지 않다.

다만, 우리가 크리스천으로 살아가면서 외면받는 존재가 되어서는 곤란하다. 우리가 무엇을 하든 미워하고, 시기/질투하는 이들이 있겠지만, 적어도 크리스천인 우리는 남들의 부러움의 대상이어야 하고, 존경의 대상이어야 하고, 희망의 대상이어야 한다. 크리스천이 된다는 건 남들보다 앞선다는 의미였고, 남들보다 잘 산다는 의미였다. 적어도 과거엔 그랬다. 그것이 꼭 부를 의미하고, 사회적 성공을 의미하진 않을지라도, 사람들에게 크리스천은 그런 존재였고, 나도 크리스천이 되어 볼까 하는 생각이 들게 하는 존재였다.

많은 이유가 있겠지만 지금의 일부 크리스천들이 비난받는 존재, 외면받는 존재가 되었다는 것은 못내 안타깝다. 더욱 안타까운 것은, 지금의 크리스천들로부터는 배울 점이 부족하다는 인식까지 팽배해져 있다는 것이다. 도덕성도, 정직함도 크리스천들에게 찾기 어렵고, 심지어 하나님이 그렇게 강조하신 사랑도 우리에게 부족하다면 어떤 이들이 예수님을 구주로 받아들이겠는가! 오늘날 크리스천들이 배우고, 익혀야 하는 가장 큰 이유는 바로 여기에 있다고 생각한다.

적어도 이 사회에서 쓸모 있는 존재가 되어 보자. 다니엘처럼 지혜로워지자. 모든 이들이 탐내는 인재가 크리스천이고, 모든 이들이 배우고 싶은 사람이 크리스천이라면 하나님 말씀의 선포가 이렇게 힘들어질 리가 없다. 읽고, 배우고, 경험하고, 토론하고 … 성경 말씀을 붙들고 살았던 우리에게 다시 성경 읽기가 강조되는 것이 안타깝지만, 이젠 인정하고 다시 읽고, 듣고, 고민하고, 적용해야 할 때이다. 다른 어떤 장보다도 이 장을 필자가 아끼는 이유이고 강조하는 이유이기도 하다.

크리스천 리더들이 세상의 빛과 소금이 될 때, 하나님 말씀은 더 널리 전파될 수 있음을 믿는다. 필자와 같은 믿음의 형제, 자매들이 많아지길, 하나님 앞에서 더 훌륭한 일꾼들이 많아지길 진심으로 소망한다.

인간관계＊커뮤니케이션

Human Relationships * Communication

크리스천의 대화법: 말전도 & 몸전도

크리스천이 된다는 건 쉬운 일이 아니다. 이상하게도 우리나라에서는 크리스천들에게 요구 조건이 많다. 뭔가 잘하지 못할 때는 '크리스천이 왜 그래?' 라는 식의 핀잔이나 비난을 듣기 일쑤다. 우리는 세상으로부터 완벽함을 요구받는다. 완벽한 크리스천이라면 좋겠지만, 가끔 우리 스스로가 '완벽' 에 대해 잘못 이해하는 경우가 있다는 게 문제다. 아마 '대화' 에서도 마찬가지가 아닐까? 하나님의 말씀을 전하는 과정에서 우리는 대화를 주도해야 하고, 대화에서 완벽해야 하며, 대화에서 밀리지 않아야 한다고 생각하곤 한다. 정말 그런 것들이 '완벽' 한 것일까? 우리는 정말 제대로 된 말을 하고 있을까? 제대로 된 대화를 하고 있을까? 도대체 어떻게 말하고, 어떻게 대화하는 게 제대로 된, 아니 완벽한 것일까?

대화는 원래 완벽할 수 없다

우리는 말하는 내용의 3배 정도를 생각한다고 한다. 즉, 말하는 내용은 생각하는 내용의 1/3 정도에 불과하다는 뜻이다. 게다가 들은 내용에 대한 이해 역시 1/3 정도에 불과하다고 한다. 결국 듣는 사람은 말하는 사람이 전달하고자 하는 내용의 겨우 10% 정도만 받아들이게 된다는 뜻이다. 그래서 대화는 애초부터 불완전할 수밖에 없다.

그렇지만, 대부분의 대화 참가자들은 자신들의 화법에 문제가 없다고 생각하며, 알아듣지 못하는 상대방에 대해 문제를 제기하기 일쑤다. 그러다 보니 말하는 사람이 '갑'의 입장에 서 있는 경우, '을'의 입장에 서 있는 사람은 제대로 알아듣지 못하고서 재차, 삼차 질문하는 상황이 발생한다. 이렇게 되면 애당초 일이 제대로 될 리 만무하다. 다행스러운 건, 그렇게 말해 놓고서도 까먹기 일쑤인 우리의 한계 때문에 생각보다 분쟁은 생기지 않는다는 것이다. 뭐, 막상 살다 보면 망각도 살아가는 데 훌륭한 방법이긴 하지만, 크리스천들을 위한 완벽한 삶의 방법이라고 말하긴 좀 그렇다. 기왕 대화를 잘 하려면, 제대로 된 대화법을 배워서 정말 잘 쓸 수 있어야 한다.

행동 없는 말은 완벽할 수 없다

커뮤니케이션에 대해 많은 연구를 한 매러비안 박사에 따르면, 우리의 대화가 전달하는 정보 중 55%는 말이나 글이 아닌 표정이나 몸짓이 담당한다고 한다. 나머지 45% 중에서도 말과 글은 7% 정도만 담당할 뿐, 나머지 38%는 음성이나 억양이 차지한다고 한다. 즉, 아무리 열심히 말을 해도 적절한 행동이 따르지 않는다면 상대방은 우리의 말을 애당초 이해하지 못하는 상황이 발생하는 셈이다.

예수님은 '나'를 따르라고 하셨지 '말씀'을 따르라고 하지 않으셨다는 레너드 스윗 교수의 지적은 그런 점에서 우리가 깊이 생각해 보아야 할 부분이다. 그의 지적은 현대 사회에서 기독교가 타 종교에 비해 왜 배척받고 있는지, 그중 개신교가 유난히 배척받고 있는지에 대한 한 가지 열쇠를 담고 있는 메시지이기 때문이다.

기독교를 믿는 우리에게 가장 위험한 생각은 신학적으로, 성경적으로 '완벽'하려는 우리의 시도가 행동과 분리될 수 있다고 믿는 것이다. 하지만 우리가 하나님을 전하고, 예수 그리스도의 복음을 전하는 메시지는 '반드시' 행동과 함께 진행되어야 한다.

길거리에서 '예수천당 불신지옥'을 그토록 열심히 외치는 이들을 향한 사람들의 시선이 곱지 않은 이유는, 말 그대로 '말' 뿐이기 때문이다. 거리를 오가는 사람들은 이들의 말을 들으면서 부족한 55%를 고스란히 느끼고 있다 보니 그 메시지는 말 그대로 '말 뿐'인 메시지로 전락하게 된다. 이들의 전도에 힘이 실리려면, 그들 스스로가 특별한 행동을 하든지 아니면 나머지 크리스천들이 행동의 모범을 보여야만 한다.

하지만, 우리의 삶은 그런 것과는 많이 멀어져 있다. 하나님이 주신 지상 과제에서도 그럴진대, 하물며 우리의 일반 생활에서는 어떻겠는가? '당신을 보면 당신이 믿는 하나님을 믿지 않을 수가 없다.'라며 전도되는 경우가 왜 많지 않을까에 대해서 우리는 아마 마지막 순간에 답을 해야 할지도 모른다.

경청을 통해 필요한 말을 정확하게 해보자

현대 사회에서 '경청'이 갖는 위치는 대단하다(물론 위상만 높지 실제로 귀하게 다뤄지지 않는 게 보통이다). 대화법을 조금이라도 연구하려고 하면 멋진 표현을 마음껏 구사하는 사람들에 대한 특강보다는 잘 듣고 잘 대처하는 법을 강조하는 책이나 강좌가 많아지는 것만 봐도 '경청'의 중요성은 쉽게 느껴진다.

사실, 커뮤니케이션을 조금만 깊게 연구해 봐도 '경청'은 반드시 해야 하는 기술임을 알 수 있다. 일단 우리가 전달하고자 하는 메시지의 1/3 정도만이 '말'의 형태로 전달되는데, 들리는 내용의 1/3만 이해하는 우리로서는 한마디라도 더 조심스럽게, 더 정확하게 들어야만 하는 게 당연한 자세가 되어야 한다. 그러나 많은 크리스천들은 듣기보다 말하려 하는 데 더 혈안이 되어 있다.

'땅 끝까지 이르러 내 증인이 되라'는 메시지를 '땅 끝까지 이르러 내 대변인이 되라'로 착각한 게 아닐까 싶을 정도이다. 뭐, 대변인이 되는 게 나쁠 건 없다. 하나님을 부인하기보다는 하나님에 대해, 예수 그리스도에 대해 이야기하는 게 뭐가 그리 나쁘겠는가? 문제는 대부분의 '땅 끝'에는 말이 통하지 않는 사람들이 살고 있고, 문화가 다른 사람들이 살고 있다는 게 '문제'라면 문제일 뿐이다. 말이 안 통하는 사람들에게 백 번, 천 번 말을 한다고 해서 그들이 하나님을 알 리 만무하고, 거기에 복음을 전하는 것은 애당초 불가능한 일이 아니겠는 가? 물론 언어를 배워서 가면 된다지만, 땅 끝이 미국이 아니라 아프 리카 어느 나라쯤 되면 학원 찾는 것도 불가능해진다. 결국 그런 땅에 서 예수님을 전하려면 오직 하나, 그들의 언어를 잘 들음으로써 그들 의 말을 조금씩 배워나가는 방법밖에는 해법이 없다.

말이 안 통하는 사람들과 대화할 때는 자연스럽게 경청이 우리 몸 에 배여 있는 것 같긴 하다. 그런데 가까운 관계, 즉 당연히 말이 통한 다고 믿는 사람들과의 대화에서 '경청'은 딴 나라 사람들의 이야기처 럼 되어버린다. 가까운 관계에서 일어나는 대부분의 분쟁이 오해나 이해 부족에서 비롯되지 않던가. 즉, 상대방이 얘기한 부분을 잘못 해 석하거나 충분히 이해하지 못한 데서 생긴다는 말이다. 익숙하기 때 문에 서로의 메시지를 잘 이해할 거라는 잘못된 믿음이 문제의 근원 이 되는 셈이다.

우리가 생각한 내용의 1/3만을 얘기한다는 사실을 잊어버릴 때, 상 대방이 그 메시지의 1/3만을 이해한다는 사실을 잊어버릴 때는 상대가 누구이든 간에 오해와 이해 부족은 생길 수밖에 없다. 사실상 '모든' 사람과의 '모든' 대화에서 '경청'은 필수적일 수밖에 없는 것이다.

말을 멈추고, 상대방에게 집중하자

경청을 제대로 하려면, 일단 말하려는 의지를 갖지 말아야 한다. 대 화를 해보면 우리는 자신의 입장을 어떻게든 보여주려 하고, 자신의 생각을 상대방에게 관철시키려고 노력한다. 하지만 그런 대부분의 시도는 무용지물일 뿐이다. 대부분의 사람들은 다른 사람의 '생각'을 받아들일 생각을 전혀 하지 않는데다, 상대방에게 생각을 관철시키는 방법을 몰라도 너무 모른다.

가끔은 굳이 상대방을 설득해야 할 때가 있다. 필자의 직업도 강사이다 보니 그런 상황이 곧잘 발생한다. 그러나 다른 강사들은 몰라도 필자에게는 설득의 원칙이 있다. 상대방이 굳이 설득을 해야 할 만큼 내게 소중한 사람일 때, 또 설득을 하는 수고를 들이더라도 그 결과적 의미가 충분하다고 여겨질 때만 설득하려고 노력한다.

안타깝지만 조언을 듣겠다며 온 사람들의 대부분이 조언을 듣기보다 자신이 가진 생각을 필자가 지지해 주기를 바란다. 그런 상황에서는 어쩔 수 없이 설득을 멈추게 되고, 그냥 그 사람의 생각을 들어주고, 잘해 보라고 권해주는 방법밖에는 할 수 있는 게 없다. 즉, 상대방에 대해 말하려는 시도를 중단할 때, 상대방을 이해시키거나 설득시키려는 시도를 중단할 때부터 경청은 시작된다고 할 수 있다.

앞서도 언급했지만, 메시지의 대부분은 시각적 정보를 통해 전달된다. 따라서 경청을 제대로 하려면 상대방을 향한 초점을 잃어서는 안 된다. 말을 하는 동안 상대방이 어떤 표정을 짓는지, 눈동자는 어떻게 움직이는지를 예의 주시해야 한다. 놀랍게도 동서양의 언어는 다를지 몰라도 몸짓이 갖는 의미는 대동소이하다고 한다. 즉, 상대방의 표정과 몸짓, 손짓을 살피고 있으면 그 사람이 전달하는 메시지가 무엇인지를 아는 데 도움이 된다는 뜻이다. 심지어 상대방이 거짓말을 하고 있는 것도 집어낼 수가 있다. 웬만한 연기자들도 대화 중에 자신의 감정을 속이는 건 거의 불가능하다. 자신의 감정을 다르게 표현하는 건 힘들지 몰라도, 상대방이 갖고 있는 본연의 감정이나 메시지가 무엇인지 알아내는 건 일반인들에게도 그리 어려운 일이 아니다.

제발 모르는 건 물어라

경청이 잘 되려면, 상대방이 충분하게 표현해 주어야 한다는 전제가 성립되어야 한다. 즉, 시간이 걸리더라도 자신이 생각하고 말로 표현하지 못한 2/3의 내용을 잘 전달해 주어야 한다는 뜻이다. 그런데 상대방에게 자신의 메시지를 제대로 전달하는 건 꽤 어려운 기술에 속한다. 따라서 경청을 아무리 열심히 하더라도 결과적으로 충분한 내용을 전달받는 데 어려움이 따를 수밖에 없다. 게다가 말하는 사람은 자기 중심적이어서 자신이 중요하다고 생각하는 것만 전달할 뿐, 정작 중요한 내용은 빼버리는 경우도 곧잘 발생한다. 찬찬히 얘기를 들어도 정작 듣고 싶어 하는 부분이 나오지 않을 때 방법은 오직 하나, 질문을 해야만 해결된다.

질문은 매우 강력한 기술이다. 질문을 던지느냐 않느냐, 어떤 질문을 던지느냐에 따라서 상대방은 놀라울 정도로 달라진 행동을 보이게 된다. 그 이유는, 질문이 갖는 힘 중 하나가 바로 '생각하게 하는' 역할을 하기 때문이다.

훌륭한 연사의 강의나 훌륭한 목사님의 설교에는 중요한 부분마다 꼭 '질문'이 들어가곤 한다. 설교의 형태 자체가 상대방의 답변을 듣기 힘든 형태이긴 하지만, 청중으로 하여금 스스로 짧은 생각이나마 하도록 도와주기 때문에 설교의 내용을 좀 더 깊이 새기는 데 많은 도움을 주기 때문이다.

기왕 질문을 할 거라면 '강력한' 질문을 하는 게 좋다. 강력한 질문이란, 당연히 상황에 맞는 질문이어야 하고, 열린 질문, 많은 생각과 답변을 요하는 질문을 하는 게 좋다. 한마디 질문을 해서 한마디만 듣는다면 질문하는 사람의 입장에서도 힘이 들 수밖에 없으니, 기왕 할 질문이라면 많은 이야기를 끄집어낼 수 있는 질문이 필요하다. 좋은 질문은 정말이지 사람을 변화시키기도 한다.

문제는 훌륭한 질문을 아무나 던지는 게 아니라는 것. 좋은 질문을 적시에 던지는 것도 높은 내공을 필요로 한다. 우리가 삶에 대해 깊이 통찰하고, 공부하고, 체험하고, 성경을 읽고, 묵상하는 모든 것은 내공을 높이는 데 도움이 된다. 그러면서도 타인에 대한 관심과 사랑을 멈추지 않는다면, 자신이 던진 질문 하나가 사람들을 변화시키는 체험을 하게 되리라 확신한다. 세계적인 CEO들이 자신들을 위한 전담 코치를 두기 시작한 것도, 질문의 힘을 보여주는 단적인 예가 아닐까 싶다.

이 글을 마무리하려고 다시 읽어보니 수정할 부분이 눈에 보인다. '우리나라'에서만 크리스천들에게 특별한 수준을 요구하는 건 아닌 것 같다. 이 땅 어디를 가든 크리스천은 특별해야 한다. 예수쟁이란 말을 듣는 게 어디 평범한 일이던가? 예수님이 부활하셨다고 믿는 것이 어디 평범한 일이던가? 성령으로 잉태하셨다는 것, 바다를 잠잠케

하셨다는 것, 바다를 가르시고, 불기둥을 보이시고, 이름만 들어도 가보고 싶은 이집트에 재앙을 내려 쑥대밭으로 만드셨다는 것이 어디 평범한 말이겠는가? 크리스천이 된다는 건, 분명 평범하지 않은 존재가 되려는 시도이다.

평범한 사람이 신분상승을 하면 그에 걸맞은 행동이 필요한 법이다. 크리스천이라면 오늘부터라도 당장, 말하는 법과 행동하는 법을 바꾸어야 한다. 적어도 말과 행동이 따로 놀아서는 안될 터이고, 말과 행동이 세련되고 멋진, 무엇보다 닮고 싶은 사람이 되면 더욱 좋을 것이다. 몸으로 전하고 말로 전하는 크리스천. 하나님이 보시기에 합당한 크리스천의 모습일 것이라는 생각이 절로 든다.

"말씀하시되 나를 따라오라 내가 너희를 사람을 낚는 어부가 되게 하리라 하시니"(마 4:19).

크리스천의 인맥 관리

이 지구상에는 70억 명이 넘는 '사람' 들이 있다. 6명의 사람만 통하면 지구에 있는 모든 사람들을 다 만날 수 있다는 사람도 있고, 평생 살면서 10명의 친구만 가져도 충분하다는 사람도 있고, 모든 사람을 '돈을 벌게 해주는' 고객으로 보는 사람도 있고, 학연/지연/혈연을 그 어떤 인연보다 소중하게 관리하는 사람도 있다.

필자가 운영하는 크레벤(www.CREVEN.org)에서 설문조사를 한 결과, 응답자의 98%가 '인맥이 중요하다' 고 답을 했다. 그러나 대부분의 응답자들이 '인맥' 에 대해 시간이 없거나, 부정적인 생각이 들어서 관리를 하지 않는다고 답을 했다. 성공과 실패의 80%가 인맥으로 인한 것이라는 통계도 있다는 걸 안다면 그런 행동에 변화가 생길까? 이 글에서는 크리스천으로서 우리는 사람을, 인맥을 어떻게 바라봐야 할지 적어보려 한다.

하늘 아래 모든 사람은 '완소남', '완소녀'다

하늘 아래 모든 '사람'은 하나님의 형상을 따라 하나님께서 친히 지으신 창조물이다. 그래서 그 어떤 '사람'도 소중하지 않은 '사람'이 없다. 문제는 이 전제를 우리는 너무 쉽게 망각하고, 외면한다는 것이다. 잘 생기고, 돈 많고, 많이 배우고, 세련된 사람만 '완소남(완전 소중한 남자의 줄임말)', '완소녀'라면 얼마나 좋을까? 그러나 세상이 우리에게 그런 이야기를 하더라도, 크리스천인 우리는 '모든' 사람을 멋지게 생각할 필요가 있다. 하나님의 아들 예수님을 그린 그림들을 보면 다 잘 생기게, 멋있게 그렸는데 실제로 그랬는지는 알 수가 없지 않은가. 더군다나 예수님이 청담동 유명 산부인과가 아닌, 마구간 말구유에서 태어나신 것도 그렇고, 훌륭한 학자 집안이나 돈 많은 부자 집안이 아닌 목수의 아들이라는 점도 그렇지 않은가. 예수님이 그러셨기에 우리는 조금 더 겸손하게 '사람'을 사람답게 바라볼 수 있지 않을까 싶다.

하나님은 70억 명의 사람들에게 70억 개의 개성을 부여하셨다

가끔 애니어그램이나 MBTI 같은 성격 분석 프로그램을 통해 우리는 서로의 공통점과 차이점을 찾곤 한다. 사실 잘 들어맞는 것처럼 보인다. 혈액형으로 우리 자신의 성격을 비교해 보면 대충 들어맞는다는 느낌이 들지 않는가? 그렇지만 하나의 혈액형이, 하나의 성격 유형이 성공을 결정짓거나 경쟁력을 결정짓는 경우는 거의 없다. 아니, 전혀 없다. 그리고 그런 분류표가 완벽하게 인간을 구분짓거나 특징짓는 것도 아니다. 필자와 같은 유형으로 분류된 사람들을 만나 봐도 필자는 그 사람과 비슷하다는 생각을 거의 하지 않는다.

달라도 너무 다르다. 우리는 너무 다르게 생겼다. 성격도 다르고, 개성도 다르고, 습관도 다르다. 이렇게 다르기 때문에 우리는 그냥 서로가 '다른' 것이지 '틀리' 거나 '높거나 낮은' 존재가 아니라는 점도 인정해야 한다.

기준을 마련하자

사람들을 구분짓는 대표적인 기준으로는 학연/지연/혈연이 있다. 아무래도 함께 오랜 시간을 보낸 이들이 그렇지 못한 이들보다 반갑고, 살가운 것은 당연하지 않겠는가? 하나님께서도 그 구분을 악용하는 것은 경계하라고 하셨지만, 가족과 이웃이 서로를 도와야 한다고 말씀하셨다. 구분의 기준은 어디까지나 기준일 뿐, 잘못 활용하는 오류를 범해서는 곤란한 것이다.

70억 명을 나눠보면 정말 많은 기준이 존재한다. 따라서 학연/지연/혈연만 다룰 게 아니라 수많은 기준으로 사람들을 나눠볼 필요가 있다. 때로는 성격 유형으로 나누어보고, 때로는 직업으로 나누어보고, 때로는 연령의 기준으로, 좋아하는 기호의 기준으로 나누어보는 것도 좋다. 각각의 기준 안에서 우리는 쉽게 친해지고, 쉽게 서로를 신뢰하며 살아갈 수 있다. 하나님이 70억 명을 구분 짓는 70억 개의 기준을 주지 않으신 것에는 서로 '어울리라'는 뜻이 있음을 쉽게 짐작할 수 있다.

다름의 기준을 배워서 함께하자

요즘 영어 공부가 열풍을 넘어 광풍의 지경에 이르렀다. 워낙 정치적 이슈화되는 게 교육 정책이라 그 부분에 대해서는 굳이 깊게 다룰 생각은 없다. 다만, 영어에 대한 이야기를 들으면서 안타깝게 여기는 것은, 영어를 배우는 목적이 영어를 쓰는 사람들과 '함께 어울리기 위한' 것이라기보다는 영어를 쓰지 못하는 사람들과 자신을 '구분 지으려' 하는 경향이 있다는 점이다. 유학을 다녀온 사람과 그렇지 않은 사람, 원어민 발음을 구사하는 사람과 그렇지 않은 사람, 토익 점수가 높은 사람과 그렇지 않은 사람. 도대체 언어를 배우는 기본 목적을 망각해도 이렇게 심각하게 망각할 수가 없다.

우리는 새로운 것을 끊임없이 배우지만, 그 '새로움'은 어디까지나 배우지 못한 입장에서의 '새로움'이지, 하늘 아래에서 새롭게 생겨난 것들이 아니다. 따라서 배움의 자세는 깊이와 넓이를 알아가는 겸손함이 기본이 되어야 한다.

다양함을 배우고, 공통점으로 함께해 보자

새로운 사람을 만나기를 두려워해선 곤란하다. 크리스천의 지상 과제인 전도가 이뤄지기 위해서, 크리스천이 아닌 사람을 만나기를 두려워해서는 전도 자체가 이뤄질 수가 없다. 그들은 하나님을 모르고, 우리와 다른 기준으로 다른 행동을 하는 이들이다. 하나님이 땅 끝까지 이르러 증인이 되라고 하셨을 때는 우리가 그 낯선 새로움을 넘어서길 바라셨을 것이다. 따라서 우리는 끊임없이 배워야 하고, 끊임없이 도전을 해야 한다.

새로운 사실을 배울수록, 새로운 경험을 쌓을수록 우리는 한 명의 사람을 더 쉽게 만날 수 있는 기회를 가질 수 있다. 막상 서로 같은 것들을 공유하기 시작하면 그토록 낯설게, 이상하게 보였던 그들도 결국 '사람'이었음을 알 수 있다. 하나님은 모든 인간을 세심하게 지으셨고, 모든 인간을 사랑하시기 때문에 우리가 땅 끝까지 찾아가 하나님의 증인이 되기를 바라신다. 따라서 크리스천은 새로움에 대해 결단코 무서워하거나 피해서는 안 된다. 신앙을 지키기 위한 노력은 중요하지만, 그 노력이 크리스천이 아닌 이들을 배척하거나 피하는 행동으로 이어져서는 곤란하다.

우리가 크리스천으로서 하나님의 말씀을 전할 때 가장 위험한 자세가 상대를 얕보거나 자신을 우월하다고 믿는 것이다. 우리가 낯선 이들에게 갈 때는 항상 겸손해야 하고, 항상 낮아져야 한다. 무엇보다 그들의 세계를 인정하지 않고서 우리의 세계를 공유하는 건 불가능하다. 우리가 아프리카에 가서 한국어로 전도를 하고, 우리가 인도에 가서 쇠고기 햄버거를 나눠준다면 그건 선교가 아니라 오만이고, 죄악이 될 수도 있다.

작은 공통점을 소중하게 여겨 보자

어떤 이로부터 받은 한 통의 문자, 한 통의 메일, 한 장의 명함을 당신은 어떻게 관리하는가? 어제 잠시 인사한 그 사람에게 한 통의 문자나 메일을 보내는 것, 며칠 전 함께 커피를 마신 그 사람에게 한 끼의 식사를 대접하는 것. 그렇게 먼저 주는 행동으로 우리는 가까워져야 한다.

감사하게도 하나님은 이렇게 사람과 사람과의 관계를 소중히 여기는 사람에게 복을 더하신다. 대부분의 인맥 관리의 달인들은 대체로 겸손하고, 먼저 나누고, 먼저 인사하고, 먼저 연락한다. 그들은 짧은 만남도 소중히 하고, 짧은 인연도 귀하게 여긴다. 멀리 갈 것도 없다. 그동안 연락이 끊어졌던 친구들에게 먼저 연락을 해보자. 그동안 소원했던 직장 동료들에게 식사를 먼저 대접해 보라. 뭔가를 기대하진 말자. 그 부분을 채워주실 이는 대접을 받은 그 사람이 아니라 '하나님'이시니까. 상대가 부자라서 식사를 대접하는 게 아니라 상대가 소중하기 때문에 더 자주, 많이 대접하는 게 크리스천의 인맥 관리가 아닐까?

보건복지부 장관을 지냈던 한 정치인이 보건복지부 장관이 되고 나서야 교회와 크리스천들이 이 나라 복지를 얼마나 많이 대신하고 있는지 알았다며 사과했다는 기사를 보면서 아직 우리가 최악의 상태는 아니라는 위로를 삼아본 적이 있다. 하지만 선한 사마리아인처럼 낯선 이에게까지 '인맥 관리'를 할 수 있는 크리스천들이 가득한지에 대해서는 여전히 의문이다. 아무쪼록 한 해, 한 해 시간이 흐를 때마다 그 의문이 긍정적인 확신으로 바뀔 수 있기를 기대해 본다.

크리스천 부자학

현대 성공학의 핵심은 돈이다. 부인하고 싶어도 부인할 수 없는 핵심 철학이다. 어느 정도의 부를 축적하지 않은 사람이 성공을 논하는 것은 있을 수 없고, 그런 사람을 두고 성공했다고 보는 사람도 드물다. 머릿속에서는 돈이 목표가 아니라고 이야기할지 모르지만, 재테크 강의에 몰리는 사람들이나 수입이 좋은 직장을 바라보는 사람들의 행동을 보면 돈은 진정 '성공학의 총아'라는 데 이견을 달기 힘들다.

하지만 크리스천의 입장에서 부와 돈에 대한 이야기는 왠지 금기시되는 것도 사실이다. 예수님께서 가난하고, 병들고, 소외된 이들에게 다가가신 것도 그 이유일 수 있고, 부자가 천국에 들어가는 게 무지 힘들다는 성경의 메시지 역시 한몫한 듯싶다. 그러나 성경 여기저기엔 하나님을 경외하는 부자들의 이야기가 실려 있다. 하나님은 우리의 필요를 아시고 그 필요를 채우시는 분이시기에 부에 대해 올바른 관점을 갖는 편이 외면하거나 포기하는 것보다는 나은 게 아닌가. 그래서 이 글을 '크리스천 부자학'이라는 거창한 제목으로 시작해 본다.

부에 대한 관점

한마디로 말해서 돈이나 부에 대한 것들이 하나님과 어울리지 않은 건 결코 아니다. 크리스천들이 부자가 되기 위해 쏟는 노력은 결코 죄악 된 게 아니다. 하나님은 수많은 믿음의 자녀들에게 필요한 복을 채워주셨다. 수많은 선교사와 믿음의 선조들이 이를 증명한다. 하나님께서 부를 채워주시는 방식과 그 수준은 우리의 상상을 뛰어넘는 경우가 많다. 오히려 부에 대한 목표 자체가 문제이기보다는 부를 좇는 과정과 방법에서 하나님께서 합당하게 생각하시지 않는 것들이 등장한다고 할 수 있다. 따라서 우리가 부에 대해 이야기할 때엔 올바른 부의 철학, 부의 패러다임부터 시작하는 게 옳을 것이다.

우리가 필요로 하는 부의 규모는 실제 필요한 규모와는 다르다!

인간의 욕심이 배제된 상태에서 정말 우리에게 필요한 부의 규모는 얼마쯤 될까? 많으면 많을수록 좋다고 하지만 실제로 그 부를 다 쓰지 않고 생을 마감하는 경우가 얼마나 허다한가. 오히려 우리의 염려와 걱정이 필요 이상의 부를 쌓게 하는 게 아닐까 싶다. 하나님께서는 당신이 보시기에 합당한, 필요한 만큼의 부를 언제나 준비하고 계시고, 우리가 충분한 조건을 갖추지 않더라도 채워주시는 선한 분이시다.

우리가 필요로 하는 부의 시점은 실제 필요한 시점과 다르다!

스피드와 타이밍은 21세기 성공학의 새로운 화두이기도 하다. 남들보다 빨리, 최적의 순간에 올바른 선택과 방법을 수행하는 건 성공의 지름길이다. 문제는 어떤 인간도 그 타이밍을 '사전에' 알지 못한다는 것이다. 재테크에서 강조하는 투자의 방식 역시 이와 크게 다르지 않다. 지금 당장 부요하지 않다고 해서 우리의 일이 잘못되거나 하진 않는다.

우리가 필요로 하는 부의 형태는 실제 필요한 형태와 다르다!

꼭 돈이어야 할까? 거주할 곳을 찾는 데 돈이 있으면 편리한 건 사실이다. 하지만 돈은 거주할 곳만 찾아주는 게 아니라 인간 세상의 별의별 것들을 채우도록 도와주는 아주 '보편적'인 도구이다. 우리가 돈을 필요로 해도 하나님께서는 더 적절한 방식으로 실제 필요한 것을 채워주시는 경우가 많다. 따라서 우리의 좁은 시각으로 "필요한 '무엇'을 주시옵소서."라고 기도하는 것보다 하나님을 믿고 의지하는 게 더 적절한 응답을 받을 것이라 생각하자.

하나님은 하나님의 방식으로 풍요로워지기를 원하신다

솔직히 필자도 부정직한 방식으로 돈을 좀 더 쉽게 버는 방법을 알고 있다. 하긴, 필자만 알겠는가? 요즘 TV에 나오는 수많은 사기 사건들을 그대로 따라하는 것만으로도 부정직한 부를 쌓는 건 그리 어렵지 않다. 실제로 이 세상에는 이런 방식으로 부를 추구하는 사람들이 적지 않다. 청소년의 과반 이상이 부자가 되거나 성공하는 과정에서 법을 지키지 않는 편이 유리하다고 믿는 것도 어쩌면 당연한 결과이다.

옆 사람이 부정직한 방법으로 부를 취하는 모습을 보게 되면 우리는 점점 나약해지고 만다. 그런 점에서 인간의 시기심은 참 무섭다. 동료가, 친구가, 친척이 나보다 좀 더 잘 되는 '꼴'을 못 보니 말이다. 그런 일이 계속 일어나면 '나라고 다를 게 뭐냐'는 식의 모방이 이뤄지기 십상이다. 부정직한 사람들에게 둘러싸여 있는 크리스천이 부정직한 방법을 쓰는 건 한편으로 이해할 만한 결과이기도 하다.

하지만 인간이 이해한다고 해서 하나님께서도 이해하실 거라는 생각은 않는 게 좋다. 하나님은 우리를 너무 사랑하시지만, 하나님의 방식을 어길 때엔 매우 무섭게 질책하는 분이시기도 하다. 우리가 더 풍요로워지기를 바라는 분은 우리 자신보다 어쩌면 하나님이실지도 모른다. 중요한 건 하나님의 방식으로 풍요로워지기를 바라신다는 것이다. 법이 있다면 법을 지켜야 한다. 도덕이 있고, 양심이 있다면 이를 지켜야 한다. 세상을 주관하시는 하나님께서 이를 보시고 채워주실 줄을 믿을 필요가 있다는 뜻이다.

많이 버는 게 항상 좋은 건 아니다

우리는 "돈은 늘 많으면 좋은 것이다."라고 생각한다. 부족한 것보다 풍족한 게 좋은 건 사실이다. 하지만 적정 수준 이상의 부는 언제나 우리를 망가뜨린다는 사실을 기억해야 한다. 복권에 당첨된 사람들의 90% 이상이 당첨 후의 삶이 당첨 이전의 삶보다 피폐해졌다는 조사 결과를 기억하자. 일정 수준 이상의 부에는 언제나 책임이 따른다. 매달 수백만 원 정도의 돈만 만져 본 사람에게 수억 원의 돈이 주어지면 십중팔구 그 돈으로 인해 자신의 삶을 망가뜨리고 만다. 쉽게 들어온 돈은 쉽게 나가기 시작하고, 쉽게 나가기 시작하면 또다시 쉽게 들어올 거라는 생각을 하다가 적정 수준 이상의 소비를 하고 만다. 그러다 보면 부족의 심리가 고개를 들기 시작하고, 급기야 점점 더 쉬운, 그러나 부정직한 방법으로 돈을 벌려고 시도하게 된다.

필자의 통장에 1조 원의 돈이 있다면, 앞으로 필자 혼자 외출하는 건 포기해야 한다. 수십 만 명의 팬을 가진 스타가 되더라도 개인 생활은 거의 불가능하다. 위로 올라간다는 것, 무언가를 많이 가진다는 것이 좋아 보일 수는 있지만 마냥 편한 것만은 아니다. 남들보다 빨리 성장하는 것은 언제나 그에 상응하는 책임을 요구한다. 문제는 가지려고만 할 뿐, 책임을 지려거나 책임을 지기 위한 준비를 하는 사람들이 거의 없다는 것이다. 재테크 교육은 받지만, 바람직한 가치관에 대한 훈련이나 학습은 하지 않는 시대가 바로 오늘날 우리가 사는 이 시대이다. 과거 그 어느 순간보다도 많은 부가 움직이고, 과거 그 어느 순간보다 풍요롭지만, 우리는 늘 더 많이 가지려고만 할 뿐이다.

20~30년 전만 하더라도 우리네 부모님들이 하루 세끼를 제대로 먹지 못했다는 사실은 과거의 유물로만 여길 뿐이다. 전국 방방곡곡에 빈집이 넘쳐나도 남들이 다 보는 곳에 좋은 집을 사야 내 집 같이 여기는 세대 속에 살다 보면 크리스천들도 비슷한 생각을 하고 말 것이다.

출애굽을 하던 유대인들이 애굽의 지배를 받던 시절을 끊임없이 돌아보자 하나님께서는 화를 내셨다. 고기가 필요하면 고기를 신물날 만큼 먹게 해주셨던 하나님을 신뢰하지 않고, 목마르고 불안하고 힘들다며 끊임없이 불평했던 유대인들의 모습이 오늘날 우리 크리스천의 모습은 아닌지 기억해야 한다.

극히 일부의 사람들을 제외하면, 현재 우리의 삶은 과거 그 어느 때보다 풍요롭다는 사실을 인식하자. 그리고 일부의 사람들도 일시적인 어려움일 뿐, 하나님은 늘 자녀를 사랑하시고 돌보신다는 사실을 신뢰한다면 그 고난도 필요 이상으로 이어지지 않을 것을 확신한다.

과한 소비는 늘 불필요한 욕구를 충동질한다

인내, 참음, 절제에 대한 가치관이 요즘은 사라진 것 같다. 배우면 배울수록 절제하고 인내하는 게 얼마나 중요한지 알게 되는데, 요즘은 배움 자체에 대해서도 별 관심이 없는 것 같아 안타깝다. 소비라는 게 멋진 건 사실이다. 더 맛있는 것을 먹고, 더 멋진 옷을 입고, 더 멋진 차에 더 멋진 집을 살 수 있다면 '뭐든' 다 할 것 같은 세상에 우리가 살고 있는 게 사실이다. 그러나 인간이라는 존재는 기본적으로 인내, 참음, 절제를 가진 상태에서 태어나지 않았다. 소비는 금세 과소비로 이어진다. 차라리 돈이 충분하면 다행이다. 문제는 돈이 충분치 않거나, 수입이 지출을 못 따라가는 상황에 이르러도 자신이 그런 상태인지조차 모르고 지날 수 있다는 것이다.

단언컨대, 서울 시내에 돌아다니는 차량의 1/3은 차를 갖지 말아야 할 사람들이 타고 다니는 차량들이다. 자동차 회사의 입장에서야 불편한 이야기이겠지만, 정말이지 우리는 생각보다 너무 좋은 차를, 수준보다 너무 큰 집을 당연시하는 경우가 많다. 소비라는 것을 조심해야 하는 이유는 바로 '절제'라는 미덕을 갖지 못한 데서 비롯된다고 할 수 있다.

고난은 하나님께서 우리에게 주신 훈련의 과정이라고도 하지 않는가. 소비를 절제하는 게 하나님께서 주신 고난에 비할 바는 아니지만, 그 정도의 심정으로 우리는 소비를 조심해야 할 필요가 있다.

부자학의 핵심은 투자다

돈의 흐름을 살펴보면, 두 가지로 나눌 수 있다. 하나는 수입이고 다른 하나는 지출이다. 당연히 수입은 늘릴수록 좋고, 지출은 줄일수록 좋다. 그러나 지출 중에서도 하나 줄이지 말아야 할 사항이 있는데, 그게 바로 '투자'다. 투자는 오히려 늘리면 늘릴수록 좋은 결과를 낳는다. 부자학은 어쩌면 투자학이라고 할만큼 투자의 가치를 중시한다.

크리스천들이 대한민국의 역사에 큰 기여를 할 수 있었던 것은 배움이라는 부분에 유달리 투자한 데에 있다고 본다. 크리스천들이 없었다면 우리는 지난 백여 년을 끌어온 리더들을 대부분 만나지 못했을 가능성이 높다. 그런 점에서 우리는 어렵고 힘들 때 공부하고, 노력한 것을 자랑스러워할 필요가 있다. 그런데 이 좋은 유산을 우리가 보여주고, 물려주고 있는지 생각해 보아야 한다.

부자가 되려는 사람들이 덜 일하는 것을 너무 당연하게 여기곤 한다. 어쩌다가 부자학이 휴가학처럼 변했는지 모르겠지만 분명 부자들의 대부분은 남들보다 더 일하거나 더 배우려 했던 사람임을 기억하자. 부자들의 대부분은 남들이 말릴 때 뭔가를 투자했고, 위험을 감수했다.

이 땅 조선에 혈혈단신으로 조국을 떠나 선교한 푸른 눈의 선교사들의 투자가 없었다면, 지금 세계 교회의 중심인 한국 교회는 존재하지 못했을 것이다. 우리네 부모님들의 절약과 헌신이 없었다면 한강의 기적도, 올림픽의 영광도, 박태환이나 김연아 같은 미래 인재도 탄생하지 못했을 것이다.

이 역동적인 대한민국을 만든 우리네 선조들에게서 '투자학'을 배우지 못한 우리는 절대 부자가 될 수 없다. 다음 세대를 생각하는 마음, 미래를 기약하는 가치관이 필요한 게 바로 부자학인 것이다. 적어도 우리 한국 크리스천들은 투자에서만큼은 백여 년의 긴 역사를 가지고 있지 않은가.

우리는 하나님과 이웃 앞에 시간과 돈을 투자해야 한다. 하나님께서는 언제나 우리의 시간과 돈을 투자하라고 권하신다. 기도에 힘쓰라고 하시고, 가난한 이웃을 입히고 먹이라고 하신다. 더 중요한 것은, 그 결과를 이 땅에서 기대하지 말라고 하신다. 놀라운 것은, 성경에서의 투자학은 언제나 하나님이 주시는 결과를 위한 투자인 것이다. 세상의 부자학과 크리스천 부자학의 가장 큰 차이는 바로 여기에 있다고 할 수 있다. 세상적 가치로 세상의 시간에 맞춰서 돌려받는 게 아니라는 것이다.

앞서 필자가 이야기한 하나님의 때와 방식을 기억하는가? 하나님께서는 필자를 포함한 우리 모두에 대한 계획을 가지고 계신 분이다. 당신이 인정하든 하지 않든 사실은 사실이다. 지금 우리가 다 깨닫지 못할 뿐이다. 깨달을수록 인정할 수밖에 없는 하나님의 계획 속에는 우리가 상상하지 못할 가치를 돌려주기 위한 계획도 포함되어 있다. 하나님께서 원하시는 것을 투자하는 게 필요하다. 기도와 헌신의 시간을, 이웃을 섬기는 시간을, 하나님 나라의 건설을 위해 투자해야 우리는 그것을 얻을 수 있다. 당신이 크리스천이 된 이유가 하나님께서 주신 선물을 위한 것이라면, 세상의 것을 투자하는 게 그다지 어렵지 않을 거라 믿는다.

크리스천이여, 더 높은 가치를 지닌 부자로 살아가길 힘쓰자

필자도 남들보다 풍요롭게 살아 보겠다고 노력하는 사람이다. 필자는 크리스천이면서도 세상의 성공을 이야기하는 성공 전문가이다. 많은 이들이 필자를 두고 크리스천일 거라는 생각을 하지 못하는 이유 중 하나가 필자의 말과 글 속에 '성공'이라는 단어가 너무 자주 등장하기 때문이다. 세상 사람들은 성공을 추구하는 게 하나님의 뜻을 거스르는 것이라고만 알고 있다. 그래서 우리는 더욱 올바른 방법으로 성공해야 한다. 하나님께서 안 주시겠다고 하신 것도 아니지 않은가.

중요한 건, 올바른 가치관과 방법으로 성공과 부자를 추구한다면 하나님께서는 합당한 결과를 채워주실 거라 확신하는 것이다. 얼마나 많은 세상의 리더가 크리스천이며, 얼마나 많은 부자가 크리스천인지 모른다. 아쉬운 것은 그들을 바라보는 세상 사람들이 그들을 '크리스천'이라고 인정할 만큼 크리스천으로서의 차별점이 보이지 않는다는 것이다. 하지만 하나님은 그들의 잘못을 논하라고 하지 않으셨다.

남의 눈의 티끌을 찾기보다는 내 눈의 들보를 찾고, 내가 더 올바른 모습을 갖기 바라신다. 정말이지 하나님께서는 우리가 세상의 귀한 소금으로 쓰이기를 바라신다. 아프리카 오지에서도 하나님의 자녀이기를 원하시고, 경제의 한 중심에서도 하나님의 자녀이길 원하신다.

그렇다면 지금부터라도 올바른 방법으로 세상을 살아보면 어떨까? 세상이 말하는 부자가 아닌, 하나님께서 보시기에 합당한, 정말 수준 높고 멋있는 부자로서의 삶을 꿈꾸면 어떨까? 다행스러운 것은 당신은 혼자가 아니라는 것이다. 적어도 이 필자만큼은 동행할 사람이 될 수 있다. 아니, 당신이 오히려 필자의 동반자가 되어주길 바라는지도 모르겠다. 그래서 언젠가 크리스천 성공학, 크리스천 부자학이 완성될 수 있도록 도와주기를 진심으로 바란다.

아담과 하와는 부부싸움을 했을까?

어떻게 하면 여자친구를 사귈 수 있을까?

남학생들만 가득한 학교에서 중학교, 고등학교 6년 시절을 보내면서 필자가 무지 무지 고민했던 주제가 바로 '여자친구'였다. 차라리 몰랐으면 모를까, 초등학교 6년을 같이 지내게 한 후 굳이 떨어져 지내게 하는 '심술'은 뭐란 말인가? 지금이야 여러 가지 이유로 같이 학교를 다니게도 하고, 또 여러 가지 이유로 일부러 각자 학교를 다니게 하는 경우도 있지만, 아무튼 그때 필자로선 선택의 여지가 없는 환경이 야속하기만 했다. 그 고민은 필자를 행동(?)하게 했고, 필자의 전공 중 하나인 '독서'로 '여성'이라는 존재를 이해해 보리라 마음먹게 되었다. 이 글은 필자의 고등학교 1학년 때부터의 고민에 대한, 30년 도전의 산물이라고 해도 과언이 아니다.

당신은 하나님의 복이 가득한 선물

하나님이 필자에게 준 가장 큰 선물로 꼽는 것이 바로 '아내'이다. 필자는 지금도 고등학교 시절부터 해온 '배우자 기도'의 결과물로 하나님이 아내를 주셨다고 생각하고 있다. 가끔 아내는 그 기도 때문에 자신이 손해 봤다고 주장하기도 하지만, 이래저래 우리 부부는 여전히 잘 살고 있고, 서로에 대해 만족하고 있다(고 난 생각하는데, 당신은 어때?).

하나님은 아담에게 하와를 주심으로 '사람'에 대한 창조를 완성하셨다. 그래서 가끔 필자는 하나님이 남자와 여자의 합체가 아닐까 하는 엉뚱한 생각도 해보곤 한다. 필자로서는 도저히 확인할 수 없는 부분이니 일단 패스.

중요한 건, 하나님이 아담에게 하와를 '선물'하셨다는 점이다. 아담의 홀로 있는 모습이 안쓰러워 주신 선물이라는 점이다. 어쩌면 창조 이후에 하나님이 아담만을 위해 창조한 처음이자 마지막 창조물일지도 모른다는 생각까지 들 정도이다.

생각해 보자. 당신을 위해 하나님이 직접 창조하신 선물을 당신에게 준다면, 영광 중의 영광이요, 축복 중의 축복이라 하지 않겠는가? 그래서 세상 모든 남자들은 하나님께 무조건 감사해야 하고, 아내를 무조건 소중하게 여겨야 한다. 이건 임금님이 하사하신 선물 정도가 아니기 때문이다.

결론! 아내는 남편에게 준 고귀한 선물이자 축복이다.

배고픔을 이기지 못해 자신의 장자권을 팔아넘긴 인물이 있다(성경 퀴즈는 아니지만, 아시는 분은 성경 공부를 잘하고 있는 셈이다). 배가 얼마나 고팠으면 장자의 권리를 팔아 버렸을까? 어쩌면 그런 권리의 중요성을 느끼지 못했는지도 모른다.

아무튼 인간은 자신에게 '이미' 주어진 것을 그다지 귀하게 여기지 않는 특징이 있다. 오히려 당장의 결핍, 즉 배고픔이 더 큰 문제이고, 그 문제를 해결하기 위해 자신이 갖고 있는 무언가를 내놓는 게 정상이라고 생각한다. 그 덕분에 거래가 생기고, 그 덕분에 비즈니스가 존재하는 셈이다.

만일 하나님이 아담에게, 아담과 똑같은 하와를 선물했다면 과연 좋아했을까? 글쎄다. 자신과 똑같은 모습을 본 아담이 겉으로는 좋아했을지라도 얼마 지나지 않아 싫증을 냈을 것 같다. 일단 행동도, 생각도 자기와 똑같으니 얼마나 지겹겠는가? 필자가 독서법을 강의할 때 늘 쓰는 말이 있다. 같은 책을 여러 번 읽는 것은, 머리를 쇠망치로 때리는 것보다 더 강력한 스트레스라고. 공부는 원래 어렵고 힘든 거라고 위안을 삼을 분들이 있을지 모르겠다. 아무튼 이 글에서의 핵심은, 자신과 같은 것이나 자신이 갖고 있는 것에 대해서 인간은 그다지 중요성을 느끼지 못한다는 점을 말하고 싶은 것이다.

역시 하나님은 자신의 창조물의 특성을 아주 제대로 알고 계셨다. 그래서 아담과는 전혀 다른, 거의 외계인 수준의 하와를 만들어서 선물하셨다. 『화성에서 온 남자 금성에서 온 여자』를 쓴 존 그레이 박사는 남자와 여자를 서로 다른 별에서 온 외계인으로 설명한다. 아무래도 이건 진실인 듯싶다. 달라도 너무 다르기 때문이다. 영화 〈V〉를 보면 진화한 파충류가 인간의 탈 – 아무래도 껍질이 좀 더 맞는 것 같다. 무슨 말인지 모른다면 영화를 보시라.– 을 쓰고 인간처럼 행동하는데, 아무래도 남자와 여자도 그 정도 수준의 차이가 나는지도 모르겠다. 어쩌면 같은 '인간'이 아닐지도 모른다. 같다고 하기엔 다른 점이 너무 많으니까. 아무튼 하나님은 이토록 극단적인 차이를 남녀 사이에 심어 놓으셨고, 아담은 아마 펄쩍 뛰며 좋아하지 않았을까 싶다. 오죽하면 그 '선물'에 빠진 나머지 선물을 주신 하나님의 말씀까지 거역했겠는가.

합치면 조화가 되는 다름

대체로 – 말 그대로 대체로인 것이지 절대적이진 않다 – 남자들은 작은 일에 별 관심을 두지 않는다. 그래서 사소한 변화는 놓치기 일쑤이고, 덕분에 연인의 변화를 눈치채지 못하는 게 다반사다. 그뿐 아니라 남자들은 현실적이지도 않다. 일종의 몽상가적 기질을 갖는데, 늘 미래, 이상, 꿈, 야망 이런 단어에 빠져 사는 걸 좋아한다. 어른이 되어도 장난감을 여전히 좋아하고, 그 장난감의 성능은 점점 좋아진다. 남자들 세계에서 차도, 비행기도, 요트도 다 장난감이다.

그뿐인가? 뭔가 순간적으로 힘을 써야 하는 일은 좋아하지만, 오래도록 지속적인 것들은 별로 좋아하지 않는다. 인내, 끈기 이런 단어는 남자들하고는 거리가 멀다. 그래서 순간적으로는 힘들어도 나중에 쉴 수 있는 일이라면 차라리 일시적으로 힘든 걸 더 좋아하는 게 대부분의 남자들이 갖는 성향이다.

대체로 여성들은 남자들과 많은 차이가 있다. 일단 사소한 걸 정말 잘 본다. 머리 스타일의 변화도 보이고, 평소 입지 않았던 옷도 예리하게 알아차린다. 그뿐 아니라 손가락 마디 한두 개 밖에 안 되어 보이는 상표까지 정확하게 짚어낸다. 남자들에겐 마술이자 서커스 수준으로 보인다. 그리고 매우 현실적이다. '수학이 어렵다, 숫자는 약하다' 라고 표현하지만 자신의 이익과 손해에 대해서는 직감적으로 계산해 낸다. 정말 수학을 못하는 건지, 못하는 척하는 건지 잘 모를 정도이다.

그리고 갑작스럽게 엄청난 노력과 스트레스를 받기보다는 차라리 조금씩 힘든 걸 하는 게 훨씬 낫다고 판단한다. 그래서 인내심이나 끈기 측면에서는 남자들이 상상도 못할 정도의 역량을 발휘한다. 남자들에게 철봉 매달리기를 시켜 보라. 여성들에게 턱걸이를 시켜 보라. 간단한 차이지만, 분명한 결과가 나타난다.

대체로 위대한 일에는 남자가 강하다. 현실이 힘들어도 힘든 줄 잘 모르는데다 매일 이상에 빠져 있다 보니 손익 계산 같은 것은 아예 염두에 두지도 않는다. 그러나 사회적 재테크는 여자가 훨씬 뛰어나다. 그래서 재테크는 아내에게 맡겨야 성공한다는 원칙도 존재한다. 큰 성과를 내기 위해 작은 이익을 기꺼이 포기할 수 있는 남자를 앞세우면 큰 결과를 얻기 쉽다. 그래서 필자는 능력 있는 남편을 앞세운, 현명한 아내가 존재하는 게 가족 성공의 지름길이라고 생각한다.

하나님은 남자와 여자가 함께 조화를 이루도록 설계하셨다. 참 오묘하다. 외계인끼리 사랑을 하질 않나, 둘을 닮은 아이를 낳질 않나, 서로 위로를 하지 않나, 서로 돕지를 않나 …. 다른 듯하면서도 둘은 척척 호흡이 맞는다. 그런 점에서 하나님은 선물을 만드실 때 조화까지 염두에 두신 듯하다. 역시 하나님이시다. 우리 인간의 생각보다 몇 십 보 앞서 나가시는 분이니 말이다. 그래서 하나님의 선물은 참 멋지다. 선물을 받은 이나 선물이 된 이나 모두에게 좋고, 조화를 이루니 말이다.

틀린 게 아니라 다른 것이다

커뮤니케이션을 공부할 때 귀가 따갑도록 듣는 이야기 중 하나가 '틀린 게 아니라 다른 것이다' 는 주제이다. 남녀의 차이는 너무 커서 서로가 필요한 것들을 잘 조화할 수도 있지만, 한번 어긋나기 시작하면 한도 끝도 없이 어긋날 수 있는 게 다름의 또 다른 면이기도 하다.

사람들이 모여서 하지 말아야 할 대화가 두 가지 있다고 한다. 바로 정치와 종교를 주제로 삼는 것이다. 그렇지만, 남자와 여자 사이엔 아무런 문제가 되지 않는다. 하라고 해도 안 할 가능성이 높고, 차이가 나도 싸울 이유도 되지 않는다.

하지만, 문제는 엉뚱한 데서 나타난다. 부부가 싸우는 대부분의 이유는 말도 안 되게 단순한 것에서 출발한다. 빨래를 놓는 위치를 두고 싸우기도 하고, 수건을 놓는 위치를 놓고 싸우기도 한다. 서로 뭘 먹을지 고르다가 다투기도 하고, 선물의 종류와 가격을 놓고 다투기도 한다. 다투는 이유는 간단하다. 서로의 마음을 몰라준다고 싸운다. 서로의 생각을 모른다며 화를 낸다.

그런데 이 원리를 알면 싸움은 단순해진다. 부부가 되어 수십 년을 살아도 남자와 여자는 여전히 다른 존재일 수 있다는 것이다. 상대를 알아간다고 해서 상대의 생각과 일치할 수는 없을 수도 있다. 사람들은 자신이 아는 것을 사랑하는 사람이 다 알 수 있을 거라고 믿는다.

커트한 머리를 어떻게 남편이 알아차리지 못하냐고 싸울 수 있지만, 어차피 남자들은 상대가 누가 되든 소소한(?) 변화는 알아차리지 못한다. 아내가 아름다운 그 자체가 중요하지, 그 아름다움이 옷 때문인지 머리 스타일 때문인지는 모르거나 나중에 알아차리는 존재이기 때문이다. 남자들은 겨우 머리 스타일 하나 달라진 걸 모른다고 어떻게 그렇게 화를 낼 수 있냐고 하지만, 남자들에게는 전체의 모습이 중요할지 몰라도, 여자들에게 머리 스타일은 작고 단순한 변화가 아닌 걸 어쩌랴. 서로 이해가 안 된다고? 서로 잘못된 거라고? 하지만 이걸 어쩌랴. 하나님이 그렇게 만드신 것을.

그런데 남자와 여자가 똑같은 부분이 하나 있다. 서로 자신이 잘못한 일이 생기면 '누군가'에게 책임을 전가한다는 것이다. 선악과를 먹은 아담은 하와에게 책임을 넘겼고, 하와는 뱀에게 책임을 넘겼다.

누가 무엇이라 해도 행동 그 자체는 스스로 하는 것임을 그 순간에서 만큼은 인정하지 않은 것이다. 이럴 때 보면 남자와 여자는 천상 '인간'이다.

중요한 건 무엇에 초점을 맞추느냐이다

하나님이 세상을 만드실 때 특별한 조건을 하나 주셨다. 바로 어떤 생각으로 바라보느냐에 따라 사물이 다르게 보이도록 하셨다는 것이다. 우리의 반쪽, 우리의 축복을 바라볼 때 내 기준에 맞춰서 바라본다면 이 세상에 완벽한 선물이란 존재하지 않을지도 모른다. 또 현재엔 완벽해 보여도 시간이 지날수록 불완전해 보일지도 모른다. 우리가 하나님을 신뢰하는 이유는, 하나님의 기준이 크고, 넓고, 길고, 깊기 때문이 아니던가. 현재의 고난이 하나님의 심판이 아닐 수 있다는 점이 우리의 위로인 것처럼 지금 내 곁에 있는 그 '선물'을 바라보는 관점을 내가 바꾸지 않는다면 그 선물은 선물일 수 없고, 축복일 수 없을 것이다.

성공학의 관점에서 패러다임은 매우 중요한 위치를 차지한다. 한 사람을 바라볼 때, 그 사람의 과거를 바라본다면 우리 중에 누구를 신뢰할 수 있겠으며, 우리 중에 누구를 사랑할 수 있겠는가. 하지만 우리는 하나님 속에서 서로 완전해질 수 있음을 알고 있고, 믿고 있기에 한 사람의 과거가 아닌 미래로 그 사람을 바라볼 수 있을 것이다. 더 중요한 것은, 항상 내가 먼저 그 사람에게 완벽해지려 할 때 상대방 역시 완벽한 나의 파트너가 될 수 있다는 점이다.

우리는 모두 '사랑받기 위해' 태어났다. 그 사람 역시 사랑받기 위해 태어났다. 하나님의 사랑을 받고 있는 그 사람을, 내가 사랑할 수 있다면 얼마나 멋진 일이겠는가? 그 사람의 단점이 어쩌면 단점만 바라보려는 내 생각 때문은 아닐까? 그 사람의 부족함이 오히려 나의 잘못된 패러다임에서 기인한 것은 아닐까? 이 세상 70억 명의 사람이 모두 하나님의 관점에서는 완벽하게 지음 받았고, 나름의 삶의 이유와 목표가 있다는 사실을 안다면, 내가 그 사람에게 어떤 의미와 이유가 되어야 할지를 생각해 보는 자세가 필요하다. 우리 중 어느 누구도 틀리게 지음 받은 이가 없다. 그 사람이 틀려 보이는 이유는 내가 틀리다고 생각하기 때문임을 기억하자. 나로부터 시작되는 생각의 변화가 결국 나를 바꾸고, 그 사람을 바꾸고, 세상을 바꾸는 힘이 될 수 있다.

당신을 주신 하나님께 감사하고,
그 누구보다 완벽한 당신을 사랑합니다.
필자가 사랑하는 아내 김지훈에게

하나님 안에서 우리는 모두 다를지니 …

첨단 과학 기술의 발달 덕분에 인간이 어떤 염색체를 갖고 있는지, 어떤 유전자를 갖고 있는지 우리는 알게 되었다. 좀 더 시간이 지나면 어떤 유전자가 암을 유발하고, 종양을 만드는지 알게 될 테고, 좀 더 시간이 지나면 더 현명해지게 하는 유전자와 더 강하게 만드는 유전자, 더 건강하게 만드는 유전자도 찾아낼지 모른다. 그리고 좀 더 시간이 지나면 … 우리는 모두 슈퍼맨, 슈퍼우먼이 될지도 모르겠다.

그런데 적어도, 필자가 살아 있는 세상에서 그런 시대가 오는 것은 쉽지 않을 것 같다. 정말 오랜 시간을 연구해서 이제 겨우 유전자 지도를 만든 상태이고, 몇 개 안 되어 보이는 유전자라 할지라도 수만 개가 넘고, 아직 그 유전자들 사이의 상관관계를 알아내는 건 요원한 일이기 때문이다. 적어도 수백 년 전보다 우리가 우리 자신에 대해 아는 게 조금 많아지긴 했지만, 아직 멀었다.

굳이 과학적(?) 연구를 하지 않더라도 우리가 정말 다르게 생겼다는 건 확실한 사실이다. 지구상에 닮은 꼴은 있어도 같은 꼴은 존재하지 않고, 심지어 쌍둥이조차도 성격이나 기호가 다를 수 있다는 걸 아는 이상 사람 사는 세상이 생각보다 복잡하다는 건 확실한 사실 중의 사실임을 받아들일 수 있다.

참 재미있는 사실은, 우리가 이렇게 다르게 생기는 게 쉽지 않다는 것이다. 유전자 같은 걸 연구해 보면 반복되는 게 정상이어야 하는데 사람들은 참 달라도 많이 다르다. 그래서 다른 점을 찾기보다는 닮은 점을 찾는 게 그나마 쉽지 않겠는가. 그런 점에서 필자는 한 가지 의문을 품게 되었다. 우리가 이렇게 다르게 생긴 이유가 무엇일까 하고 말이다.

하나님은 우리를 다르게 지은 목적을 갖고 계신다

아직까지 필자에게 주어진 사명이 무엇인지 100퍼센트 확실치는 않지만, 지금까지 필자 주변에서 본 수많은 믿음의 선배들과 비교할 때 뭔가 달라도 한참 다른 것만은 확실하다. 그래서 궁금하고, 그래서 두렵기도 한 게 필자의 미래의 사명에 대한 느낌이다. 하나님은 필자에게 독특한 면을 몇 가지 주셨다. 화를 잘 안 내지만, 내더라도 쉽게 털어버릴 수 있게 하셨고, 놀랍도록 건망증을 뛰어나게 만드셔서 골치 아프고, 속상한 일을 대단히 빨리 잊게 만드셨다. 그리고 기본적으로 뭔가 도전하는 성향을 주셔서 남다른 세계에 몰두하게 하셨고, 남다른 말하기 능력과 비상한 머리(?) - 적어도 필자는 스스로를 그렇게 믿는다 – 신체 조건까지 주셨다. 다만, 허우대는 멀쩡해도 근력은 평균치보다 좀 떨어지는 것 같다.

왜 그러셨을까? 뭐, 아직 사명도 100% 확신하지 못하니 그 이유를 여기서 이야기할 정도로 잘 알지는 못하지만, 이것만은 확실하다. 중3 때 하나님께 무릎을 꿇은 그 순간부터 하나님은 필자의 세계를 준비해 두셨다는 사실이다. 적어도 그 믿음이 있기에 나아갈 수 있고, 현재를 살아갈 수 있는 힘도 얻을 수 있다.

따지고 보면, 예수님도 열두 제자를 잘 고르실 수 있으셨다. 굳이 베드로처럼 성질 급한 제자를 두실 이유도 없었고, 굳이 도마처럼 의심 많은 제자를 두실 이유도 없었다. 심지어 자신을 배반할 줄 아는 가룟 유다까지 두시면서 자신을 내보이지 않으셨던가. 그 이유는 한 가지뿐이다. 하나님이 그렇게 원하셨다는 것이다. 사실 그 덕분에 우리는 많은 걸 배울 수가 있었다. 베드로의 성급한 성질 덕분에 갈릴리 호수를 걷는 기적을 전해 들을 수가 있었고, 의심 많은 도마 덕분에 주님이 그 의심조차도 이해하심을 알 수가 있었다. 심지어 예수님의 열두 제자는 아니었음에도 스스로를 사도로 여기고 세상 방방곡곡, 특히 로마 앞에서도 당당했던 바울 덕분에 신약성경의 상당 부분의 기록을 우리는 얻을 수가 있었다.

그렇게 어떤 기준에서 보면 단점 같아도 어떤 면에서는 장점으로 작용하는 부분이 분명 있는 것 같다. 그래서 하나님은 이 지구상에 70억여 명의 서로 다른 사람을 만드시고, 그 사람 사람마다 자신의 존재 이유를 주신게 아닌가 하는 생각을 하기 시작했다. 그럴 게 아니라면 굳이 이렇게 다르게 만드실 이유가 존재하지 않을 테니 말이다. 생각해 보라. 예배만을 원하셨다면 하나님을 예배하는 생각 외에 다른 것을 넣으실 이유가 있겠는가? 뭐든지 불필요하게 만드는 것은 없다. 뭔가 필요하기에 하나님은 우리에게 '서로 다른' 무언가를 갖게 하심이 분명하다.

다름은 다툼이지만, 다름은 축복이다

우리 인간들은 속이 좁다 보니 문제가 한두 가지가 아니다. 키가 커서 싫고, 키가 작아서 싫고, 얼굴이 잘 생겨서 싫고, 얼굴이 못 생겨서 싫다. 일을 잘해서도 싫고, 일을 못 해서도 싫으며, 노래를 잘해도 싫고 노래를 못해도 싫다. 싫은 게 한두 가지가 아니고, 다른 게 한두 가지가 아니다. 그런데 하나님이 이런 사실을 모르고 만드셨을 리는 없을 테니 이제부터 우리가 이렇게 다른 이유와 나아갈 바를 생각해 보는 것도 의미 있지 않을까?

다르다는 게 편한 것만은 아니다. 우리가 우리 자신만을 생각하는 습성이 있다 보니 나와 다르면 무조건 틀렸다는 생각, 잘못되었다는 생각이 먼저 든다. 객관적이라고 말하지만 대부분은 '내 생각엔' 이란 말과 진배 없고, 남들이 다 그렇다는 건 내 생각이 옳다는 말의 또 다른 주장일 뿐이다. 그러다 보니 맨날 다투고, 심지어 싸우고, 죽이기까지 한다. 종교가 달라서, 성격이 달라서, 하여간 별의별 이유로 다투고, 싸우고, 상처 입는다.

하지만 이런 생각은 어떨까? 남자에게 여자가 없고, 여자에게 남자가 없다면? 신앙을 가진 이들만 있다면? 노래 못하는 사람들만 있거나 그림 못 그리는 사람들만 있다면 이 세상은 어떨까? 그 좋은 찬양들을 들을 수 없고, 그 좋온 성경책이 필자의 손에 들려지는 일도 없을 것이다. 삶의 단비 같은 목사님의 말씀이 전해지지 않을 테고, 살면서 든든한 힘이 되는 배우자도, 삶의 달콤함을 주는 자녀들도 이 세상에 존재하지 않았을 것이다.

결국 이 다름은 우리에게 고통을 위해 주신 것이 아니라 우리에게 즐겁고 행복한 것들을 느끼도록 하시려고 주신 게 틀림없다. 한 사람이 모든 능력을 가질 수 없기에 우리는 유한한 인간이고, 한 사람이 스스로 모든 것을 좋아할 수 없기에 그런 능력들을 가진 사람들을 주님은 우리 세상에 가득하게 하셨다. 따라서 우리는 더 좋은 삶, 더 깊은 행복을 느끼기 위해 나와 '다른' 이들과 교류하고 함께 사는 법을 배워야 한다.

하나님은 '나'와 다른 '당신'을 사랑하신다

어쩌면 나 자신이 전체의 모습에서 볼 때 소수가 될 수 있다. 내가 보기엔 당신이 틀린 것 같아도, 실은 내가 틀렸을 수 있고, 내가 보기엔 저 사람이 특이한 것 같아도, 실제로는 내가 특이한 존재일 수도 있다. 우리가 서로 사랑하는 법을 배우려면 서로 사랑해야만 함께할 수 있는 사람들로 가득해야 한다. 사랑할 수밖에 없는 사람이 아니라 사랑해야만 함께할 수 있는 사람이 가득할 때, 주님의 사랑이 얼마나 고귀한 것인지 알 수 있게 된다.

적어도 하나님은 우리 모두를 사랑하심에 틀림없다. 나를 사랑하고, 당신을 사랑하신다. 우리가 함께 '사회'를 만들고, '교회'를 만들 수 있게 된 데에는 서로 사랑하는 힘이 있었기 때문에 가능하다. 그런데 이 세상에 교회밖에 없다면 어떤 일이 벌어지겠는가? 밥 먹기도 힘들고, 새 옷 입기도 힘들지 않겠는가? 우리가 서로 만나 어울리기 위해 인맥 관리를 배우고, 커뮤니케이션을 배우는 이유도 하나님이 사랑하시는 그 존재와 어울리기 위함이다.

하나님 안에서 우리 모두가 다름을 인정하는 태도가 필요하다.
하나님 안에서 우리 모두가 사랑받을 존재임을 인정해야 한다.

우리 모두가 다르지만, 우리 모두가 어울릴 수 있다면, 우리가 사는 세상이 곧 천국이 될 수 있지 않을까? 우리가 배운 많은 기술들은 결과적으로 함께 어울려 살아가게 하기 위함임을 인식하고, 이제는 사랑하는 형제, 자매로서 함께 어울릴 수 있도록 노력을 아끼지 말아야겠다.
우리는 하나님이 지으신, 다르지만 모두 소중한 존재들이다.

리더십

셀프 리더십 이야기

지난 여름 내내 필자는 재미있는 경험을 했다. 두어 달 동안 요청받은 강의 주제가 거의 모두 '셀프 리더십' 이었기 때문이다. 딱히 설명하기는 힘들다. 지난해나 지지난 해의 경험에 비추어도 뚜렷이 납득할 만한 이유는 없었기 때문이다. 겨우 찾아낸 이유라면, 셀프 리더십은 웬만한 걸 다 포함하는 매우 포괄적인 개념이어서 사람들이 그렇게 불렀던 게 아닌가 하는 정도이다. 그 경험을 통해 셀프 리더십을 깊이 정리하게 된 결과도 있고 해서, 이번 글의 주제를 '셀프 리더십'으로 잡았다.

셀프 리더십(Self-Leadership)은 리더십이 아니다

생뚱맞은 표현이지만, 사실은 사실이다. 리더십의 정의로 본다면, 셀프 리더십은 분명 리더십이 아니다. 리더십은 리더라는 존재가 팔로워 (Follower)라는 존재에게 영향력을 발휘하여 어떤 방향으로 나아가게 하는 것이다. 현대 경영학에서 리더십은 매우 많은 연구가 이뤄지는 분 야인데, 한 기업의 승패가 리더십에 달려 있다고 믿기 때문이다.

그러므로 정의대로라면, 리더가 리더십을 발휘하려면 팔로워라는 '존재'가 필요하다. 즉, 셀프 리더십처럼 자기 자신에게 적용하는 게 아 니라, '누군가'에게 영향력을 발휘하기 위해 사용하는 기술이라는 뜻이 다. 따라서 셀프 리더십은 리더십의 의미에서 본다면 잘못된 표현이다. 이는 리더십의 대가로 불리는 존 맥스웰 목사의 견해와도 같다.

그런데 세상엔 모순되거나 잘못되었으면서도 마치 진실인 것처럼 쓰여지는 용어들이 참 많다. 다뤄지지 않는 시간을 관리한다는 '시간 관리'가 그렇고, 곧 자신이 죽는다는 것을 의미하는 '시간이 없다'라 는 말도 그렇다. 그렇지만 다수가 그렇게 쓴다면 어쩔 수가 없다. 일단 그 용어를 인정하고, 그 용어의 뜻을 바로 잡으려 노력하는 수밖에 ….
아무튼 셀프 리더십은 잘못된 용어이지만, 많이 쓰고 있는 용어임에는 틀림이 없다.

셀프 리더십의 명확한 대체 표현인 Self-CEO

그래서 필자는 셀프 리더십이란 표현 대신 Self-CEO란 표현을 쓰 려고 노력한다. 여기서 중요한 것은 CEO라는 개념이다. 최고의사결 정권자로 불리는 CEO의 역할이 어떤 것인지에 대해서는 굳이 논하지 않겠다. 중요한 건, 셀프 리더십의 의미를 제대로 이해하는 데 있어

CEO의 개념은 필수적이라는 것이다.

CEO는 기업의 주인이 아니다. CEO는 기업의 최고 리더이다. 주주들의 자본으로, 직원이라는 인력들에게 리더십을 발휘하는 인물인 것이다. 문제는 기업의 규모가 커지면, CEO 혼자서 모든 일을 다할 수 없다는 것이다. 그러다 보니 각 분야별로 전문가가 필요하고, 그 분야의 최고 자리에는 CxO라고 불리는 이들이 포진한다. CEO는 CxO 전체의 의견을 경청한 후 최종 결정을 내리는 사람인 것이다.

결과적으로 볼 때, 최고경영자(CEO)는 자신이 내린 선택에 대해 자신이 책임을 져야 한다. 문제는 한 분야의 전문가가 준 정보를 절대적으로 신뢰해야 한다는 데 있다. 자신이 모든 분야의 전문가가 아니다 보니 특정한 분야에 대한 이해는 매우 부족할 수 있다. 그때 잘못된 정보가 들어오면 판단할 방법은 사실상 없다. 그럼에도 CEO는 그 결정에 대해 책임을 져야 한다. CEO는 그런 자리이고, 그래서 CEO는 CxO로 불릴 자리에 앉힐 사람을 세심하게 선택한다.

가끔 셀프 리더십을 '내 삶의 주인의식'으로 정의하는 경우가 있는데, 이는 매우 위험한 발상이다. 주인이라 하면, 자신의 것을 자기 마음대로 쓰는 데 아무런 문제가 생기지 않는다. 따라서 자기 인생을 마구 망가뜨려도 타인에게 해를 가하지 않으면 잘못이 전혀 없다는 결론에 이르게 된다. 이쯤 되면 일반인들도 납득하기가 힘들어진다. 하물며 크리스천들은 어떻겠는가?

우리 몸이 우리 것이라는 생각을 가진 크리스천은 없다. 없어야 한다. 우리의 몸은 우리 것이 아니고, 잠시 쓰고 있을 뿐이다. 하나님이 주신 이 몸을 어떻게 써야 하는가의 관점에서 본다면 셀프 리더십은 주인의식이라기보다는 책임의식이라고 보는 게 타당하다.

누구도 당신의 삶을 강요할 수 없다

우리 주변에서 흔히 접할 수 있는 상황 중 하나가 '누구 때문에 살기가 어렵다', '누구 때문에 내 인생이 망가졌다' 등의 하소연들이다. 엄밀히 말해 틀린 말은 아닐 수 있다. 어떤 이들은 분명 타인의 삶에 지대한 영향을 끼친다. 그것까지 부인할 수는 없다. 그러나 이것만은 확실하다. 영향을 끼친다고 해서 내가 영향을 받는 건 전혀 다른 문제라는 것이다. 빅터 프랭클 박사도 그렇고, 스티븐 코비 박사도 그렇고, 필자도 그렇게 생각한다. 필자도 완벽하지 못하다 보니 시시때때로 남들에게 비난의 화살을 돌리곤 하지만, 그건 엄연히 사실이 아니다.

어느 누구도 내 삶의 결정권을 행사할 수 없다. 내 몸은 구속시킬 수 있어도, 내 의식은 어느 누구도 구속시킬 수가 없다. 일시적으로, 특정 상황에서 누군가에게 선택권을 침범당할 수는 있어도, 장기적으로 본다면 대부분의 선택권은 나 자신에게 있다. 그런 점에서 셀프 리더십이 지향하는 바는 분명하다. 자신의 삶의 어떤 선택권도 자신의 것이며, 어떤 선택의 결과도 결국 자신의 '선택'에 대한 책임이라는 것이다.

하나님은 분명 인간에게 지대한 영향을 끼칠 수 있는 분이시다. 마음만 먹는다면 인간을 천국으로 오르게 할 수도 있고, 지옥으로 떨어지게 할 수도 있는 분이다. 게다가 우리는 피조물이 아니던가. 그럼에도 불구하고, 하나님은 우리에게 '자유의지'라는 놀라운 선물을 주셨다.

필사에세도 한때 자유의지는 무척 골치 아픈 개념이었고, 매우 다루기 힘든 권리였다. 그냥 착하게 살도록 만드시면 될 것을 왜 자유의지는 주셔서 이렇게 머리를 아프게 하는지, 게다가 선악과까지 주셔서 유혹거리를 만드는지 이해할 수가 없었다. 그러나 삶에 대한 이해가 깊어지고, 자기계발과 성공학을 공부하면서 자유의지가 얼마나 놀라운 선물인지 깨닫게 되었다. 지금도 필자가 자기계발과 성공을 공부하고 가르치는 직업을 갖고 있는 이유도, 이 분야의 지식을 통해 성경을 더 깊이 깨달아 하나님을 이해할 수 있었기 때문이다.

크리스천에게 셀프 리더십은 책임의식으로 받아들여져야 한다. 현재 자신의 결과는 결국 자신의 선택에 의한 결과물이다. 천국이 우리 마음속에 있다고 가르쳐 주신 하나님의 말씀대로라면 천국에 오를 수 있는 권리가 이미 우리 마음속에 주어져 있다는 것이다. 우리는 그것을 향해 선택하면 된다. 그러면 천국에 가게 되고, 구원도 얻게 되는 것이다.

모든 선택엔 거부할 수 없는 결과가 따라온다

사업의 실패로 너무 힘든 시기를 보낼 때, 가끔 찾은 교회에서 한 기도라곤 '하나님, 왜 저를 이렇게 만드셨습니까?' 거나 혹은 '하나님, 이 고난이 언제까지입니까?' 였다. 그때까지만 해도 하나님이 이 모든 상황을 좌지우지하신다고 생각했다. 그러나 지금은 확실히 깨닫고 있다. 하나님은 그때까지도 그 모든 상황을 돌이킬 준비를 하고 계셨다.

문제는 나 자신이 그에 합당한 '선택'을 하지 않고 있었다는 것이다.

그 이유는 그 당시 상황의 상당 부분을 필자 주변의 다른 사람들에게 '책임전가' 하고 있었기 때문이다. 그런 상황이라면 필자가 하나님이라도 필자에게 그 해결책이나 선물을 줄 수 없었을 것 같다. '미운 자식에게는 떡을 하나 더 주고, 귀한 자식에게는 회초리를 한 대 더 든다' 는 우리 조상들의 지혜도 이와 별반 다르지 않다. 길게 볼 수 있는 입장에 서면, 사랑하는 그 '누군가' 가 더 잘되길 바라는 마음에서 그 선물을 감춰 두었다가 언젠가 선물을 선물답게 받아들일 수 있는 상황이 되기를 기다리지 않겠는가?

아무리 좋은 방법이 있어도, 그 방법을 쓸 준비가 되지 않은 사람에게는 아무 쓸모가 없다. 심지어 독이 되기도 한다. 아무리 큰돈이 있을지라도 그 돈을 소화할 수 있는 능력이 없는 사람에게는 그 돈이 오히려 인생을 망치는 독이 되는 것과 같은 이치이다.

좋은 선택권을 행사하는 방법

팥을 심어 놓고 메주를 쑬 콩을 얻을 수는 없다. 악을 선택하고서 천국에 들어가길 바랄 수는 없다. 우리가 얻고자 하는 결과에 대해 우리는 겨자씨만큼도 영향력을 행사할 수 없다. 그러나 하나님은 우리에게 자유의지, 즉 선택할 수 있는 힘을 주셨다. 우리는 팥을 뿌릴 수도 있지만 콩을 뿌릴 수도 있다. 악을 행할 수도 있지만 선을 행할 수도 있다. 그래서 우리는 그 결과를 선택할 수 있다.

우선, 지식이 많으면 도움이 된다. 성경을 통해, 세상의 여러 책을 통해, 스승을 통해 수많은 지식을 배울 수 있다. 지혜로운 사람은 악이 무엇인지 알게 되고, 선이 어떤 것인지 깨닫게 되며 그 결과에 대해서도 경험하지 않고 알게 된다. 성경을 읽고, 책을 읽는 것은 우리가 더 지혜로워질 수 있는 길이다.

성경을 통독하는 건 무엇보다 중요하다. 몇 번 읽었는지에 대한 횟수는 중요하지 않다. 물론 많이 읽으면 도움은 된다. 그러나 그 속에서 지혜를 깨닫는 게 더 중요하다. 한 줄의 성경에서도 하나님의 깊은 지혜를 엿볼 수 있다면 우리는 좋은 선택권을 행사할 기회를 더 많이 얻게 된다.

둘째로 기도해야 한다. 성경을 읽어도 깨닫지 못하는 이들이 있다. 하나님은 우리에게 성경을 주셨다. 예수님도 보내 주셨고, 말씀도, 이적도 보여주셨다. 그러나 하나님의 심판이 임하면 우리는 성경을 읽어도 깨닫지 못하고, 말씀을 들어도 지혜를 얻을 수가 없다. 하나님은 성경 속에 하나님의 지혜를 숨겨 놓으셨다. 그래서 기도해야 하고, 그래서 진정한 지혜를 얻어야 한다.

마지막으로 행동하고 묵상해야 한다. 행동하지 않는 지혜는 지혜가 아니다. 하나님이 지혜롭다고 하신 게 있다면, 우리는 그것을 행동으로 옮겨야 한다. 제사보다 순종이 낫다고 하신 하나님을 우리가 신뢰한다는 것은, 그분의 말씀대로 믿고 행하는 것이다.

그리고 그 행동 후에 묵상해야 한다. 과연 나의 행동이 지혜로운 것이었는지, 그 과정과 결과를 두고 지속적으로 묵상을 해야 한다. 우리 인간은, 항상 '옳은' 선택을 한다. 결과가 원했던 대로 나오지 않는 경우가 대부분인 것이 문제이지만 …. 그 말은 '옳은 줄 알았던' 선택을 한 것이지 진정 '옳은 선택'은 아니었다는 것이다. 그런 미묘한 차이를 구분하려면 우리는 선택하고, 행동하고, 묵상해야 한다. 그래서 처음에는 알지 못했던 잘못과 어리석음을 계속 제거해 나가야 한다.

필자의 경험에서도 지혜로운 줄로만 알았던 어떤 선택이 매우 큰 문제를 일으킨 경우가 꽤 있었다. 지나가고 후회한들 소용이 없지 않겠는가. 다만, 다시는 그런 실수를 하지 않아야 한다는 것이다. 그것으로도 우리는 좀 더 지혜로울 수 있다. 우리 주변에서 엄청난 실수들이 끊임없이 반복되는 것을 본다면, 인간이 얼마나 지혜롭기 힘든지 쉽게 깨달을 수 있다.

천국에 가면, 이 세상에서의 지혜가 얼마나 작았던가를 깨달을지도 모르겠다. 그렇지만 그 지혜가 우리 삶을 얼마나 변화시키는지 모르므로 작은 지혜라도 구하는 태도가 중요하다. 이 세상은 크리스천들에게 완벽한 상태를 요구한다. 이 시대가 교회와 믿는 이들에게 기대하는 것들을 보면 쉽게 이해가 간다. 인간은 원래 죄악 된 존재이고, 어리석은 존재라고 얘기하면서 크리스천은 그러지 않아야 한다는 모순을 자신들이 저지르고 있음도 알지 못한다. 물론 그들을 비난할 수도 있지만, 훌륭한 크리스천이라면 그 비난을 거울 삼아 예수님처럼 되기 위해 더 노력해야 할 것이다. 필자가 먼저 그래야 하고, 여러분도 더욱 그러하다면 세상은 분명 더 하나님에게 다가서지 않을까?

리더십(Leadership)

우리는 성공과 성장을 꿈꾼다. 우리는 더 나아지기를 꿈꾸며, 행복해지길 꿈꾼다. 그래서 우리는 걷고, 뛰고, 전화하고, 메모하고, 공부하고, 이야기한다. 그 결과, 우리는 성과를 내는 사람이 되고, 그토록 원하던 자리에 앉게 된다. 의자에 앉아 둘러보면 나를 바라보는 사람들이 많아지고 있음을 느끼게 된다. 그래서 뿌듯하고, 행복하다.

하지만 문제는 그때부터이다. 누군가의 위에서 누군가를 호령한다는 것은 그 사람의 미래를 책임지고 있다는 뜻이기도 하다. 우리는 리더가 되기를 꿈꾸지만, 정작 리더가 되고 나면 우왕좌왕하는 게 보통이다. 그 뿐인가? 어제까지 비난하던 그 '리더'의 자리에 정작 내가 앉고 나면 더 많은 비난을 당하게 되기도 한다. 그래서 리더의 자리는 힘들고, 리더의 자리는 고독하다.

리더십을 만만하게 보지 말자

낮은 자의 위치에 있으면서 자신의 삶을 만족한다는 건 쉬운 일이 아니다. 거기에 자신을 향해 끊임없이 지시와 명령을 내리는 윗사람에 대해 한없는 존경과 순종을 하는 건 더더욱 힘이 든다. 모르긴 몰라도 부모님에 대해, 상사에 대해, 선배에 대해, 대통령에 대해 쏟아내는 말들을 다 모아 놓으면 세계 최강 리더십 백과사전 하나 정도는 탄생하지 않을까 싶다. 문제는 내가 그 자리에 올라가면 말하는 것처럼 쉬운 일이 아니라는 것을 깨닫게 되고, 그들보다 더 우왕좌왕하다가 실패를 안고 내려오게 된다는 것이다. 그리고는 그 자리에 괜히 올랐다는 생각과 함께 두 번 다시는 리더가 되지 않겠다고 결심까지 한다!

나 자신 하나 제대로 운영하기도 쉽지 않은 게 현실이다. 우리가 이토록 자기계발을 열심히 하려는 이유도 내 몸 하나, 내 마음 하나 제대로 움직이는 게 쉽지 않기 때문이다. 하물며 리더가 되어 '나 같은' 사람들을 이끌어야 하는 게 어디 쉬운 일이겠는가? 리더십은 절대 만만한 게 아니다. 그리고 그 자리에 앉는다고 해서 리더십이 발휘되는 게 아니다. 리더십은 항상 미리 준비하고 있어야 하는 것이며, 나 자신부터 제대로 다스려야 발휘할 수 있게 된다는 것을 기억하자.

첫째, 모범을 보여라

운이 좋아서 리더의 자리에 앉았다고 생각하지 말자. 지금 리더의 자리에 앉아 있는 사람은 그만한 역량을 미리 보인 사람들이다. 아직도 과장을 시켜줘야 과장 일을 할 수 있다고 믿는가? 교수가 되어야 교수의 역량을 발휘하고, 사장이 되어야 사장의 역량을 발휘한다고 믿는가? 얼토당토 않은 일이다!

우리가 현재의 자리에 있을 수 있는 이유는 오직 하나, 이 자리에 오기 전에 이 자리를 얻을 만한 무언가를 미리 보여주었기 때문이다. 그 준비가 소홀했을지언정 그런 준비조차 없이 현재의 자리에 앉는다는 것은 불가능하다. 마찬가지로 지금 우리가 보기에 리더라고 불리는 이들은 모두 그 이전 단계에서 탁월한 역량으로 성과를 발휘했던 사람이다. 그 자리에 오르기까지 노력한 산물이지 결코 우연의 산물이 아닌 것이다.

예수님께서 공생애 3년 이전에 무엇을 하셨는지는 분명치 않다. 일단 성경책에 그 흔적이 거의 남아 있지 않다. 지금 기억나는 내용대로라면 목수이셨다는 것, 어릴 적 성전에서 성경에 대한 해박한 지식을 선보이셨다는 정도만 기억날 뿐이다.

우리는 공부를 해봤기 때문에 공부라는 작업이 얼마나 어렵고 힘든 과정인가를 알고 있다. 그 당시 성경이라면 구약밖에 없었는데, 그 구약을 읽고 묵상하고 암송하는 과정이 어디 쉬운 일이겠는가! 물론 성령의 감화 감동으로 배우지 않은 언어를 구사하고, 읽지 못한 성경 지식으로 무장할 수도 있겠지만, 오로지 그런 일이 벌어지기를 기도하기보다는 성경을 한 번이라도 더 읽고, 묵상하는 게 좀 더 바람직한 신앙생활이지 않겠는가.

어떤 리더도 자기 자신의 성찰이나 준비 없이 그 자리에 오를 수 없다. 만에 하나 그런 준비 없이 리더의 자리에 올랐다면 오래지 않아 수많은 비난을 받고, 그것을 감당하지 못해 리더의 자리에서 내려오게 될 것이 분명하다. 자기보다 못한 사람이 자신에게 말도 안 되는 것을 지시한다면 견딜 사람이 몇이나 되겠는가? 예수님은 그분 스스로 가장 모범적인 모델이 되어 주셨기에 최고의 리더십을 보여주셨다. 예수님 스스로 자신의 말을 번복하는 행동을 했다면 사도들이 과연 목숨까지 내어놓으면서 예수님을 따르려 했겠는가?

둘째, 비전을 공유하라

비전이란 단어는 현대인들이 가장 자주 접하는 희망 메시지가 아닐까 싶다. 수많은 이들이 수많은 형태로 쓰다 보니 비전의 의미에 대해서는 논란의 여지가 있지만, 필자는 '보이지 않는 것을 보는 능력'이라는 비전의 사전적 정의를 그대로 수용하는 편이다. 즉 비전이란 비록 보이지 않지만, 우리가 나아가고자 하는 목적지와 미래를 마치 보고 있는 것처럼 생생하게 전달하는 힘이라고 정의할 수 있다.

예수님은 끊임없이 '하나님 나라'에 대해 이야기하셨다. 제자들이 오해할 때마다 바로잡아 주셨고, 예수님을 무너뜨리기 위해 말꼬리를 잡으려는 사람들에게도 올바른 하나님 나라를 전파하려고 노력하셨다. 그 결과 예수님을 따르는 제자들은 거의 같은 개념의 하나님 나라를 갖게 되었고, 각자의 영역에서 각자의 방법으로 하나님 나라를 전파하기 시작했다. 즉, 예수님은 제자들과 비전을 공유하는 데 성공하셨던 것이다.

리더는 늘 팔로워(따르는 사람)를 필요로 한다. 사실 팔로워가 있기 때문에 리더가 되는 것이다. 이런 리더들이 팔로워들에게 일정한 영향력을 행사할 때 한 가지 조건이 있다. 바로 일관성이다. 아무래도 리더의 입장이 아니고서는 조직의 전체가 보이지도 않고, 미래 역시 혼란스럽게 느껴질 뿐이다. 리더처럼 맨 앞에, 맨 위에 있지 않고서는 남들과 다른, 탁월한 안목의 비전을 갖는 게 쉬운 일이 아닐 것이다. 그러므로 리더는 늘 팔로워들로 하여금 자신과 같은 비전을 갖도록 노력해야 한다. 한 사람 한 사람의 입장에서 볼 때, 항상 리더와 대화하거나 만날 수 있는 게 아니고, 때로는 리더가 이해하지 못하는 분야에서 자신의 역할을 해야 할 때가 있다. 각자의 영역에서 각자의 역할을 감당할 때, 항상 미래의 결과를 공유하고 그에 맞는 자신의 역할을 찾을 수 있다면 굳이 지시하지 않아도 우리는 각자 적합한 일을 찾아서 일하는 데 성공할 수 있다.

예수님을 따르려 했던 사람들이 다 같은 직업을 가진 것도 아니었고, 다 같은 곳에서 행동한 것도 아니었지만, 한 사람 한 사람의 활동들이 모여 2천 년 기독교 역사를 만들어 내고, 수십억 명의 크리스천들을 만들어 낼 수 있게 된 데에는 '하나님 나라'에 대한 하나 된 비전을 갖는 데 성공한 덕분이라고 볼 수 있다.

셋째, 목표를 달성하라

모든 사람에게는 역할이 있고, 그 역할에 해당하는 책임이 있다. 리더가 된다는 건 멋진 일이기도 하지만, 골치 아픈 일이기도 하다. 수많은 리더들이 외롭다고 표현하는 이유도 리더가 지닌 목표를 이해해 줄 사람이 거의 없기 때문이다.

예수님의 역할도 분명했다. 리더로서 하나님의 백성들에게 백성들을 향한 하나님의 사랑하심과 성경의 수많은 구절들에 대한 실현을 보여 주셔야 했고, 나아가 새로운 관계 회복과 복음 전파를 통해 현재까지 이어지는 하나님 나라의 징검다리를 놓으셔야 했다. 그 과정에서 질시와 고통이 있었음에도 불구하고 예수님께서는 오직 하나님의 뜻을 이루는 데에만 온 정성을 쏟으셨다. 그 결과, 우리는 예수님을 통해 구원의 통로를 얻을 수가 있었다. 얼마나 값진 일인가! 예수님은 리더로서 위대한 목표를 훌륭하게 달성하는 데 성공하신 것이다!

그 어떤 리더도 목표 달성에서 자유로울 수 없다. 환경이 어떻게 변하든 우리는 목표를 반드시 달성해야 한다. 그래야만 다음 단계로 옮겨갈 수 있고, 새로운 일에 도전할 수 있게 된다. 설사 리더 자신의 한계가 아닌 다른 이유로 목표 달성에 어려움이 생기더라도 리더에겐 핑계를 댈 기회가 존재하지 않는다. 그래서 목표 달성에는 '무조건'이라는 전제가 항상 붙어 있다.

환경이 어렵다고 해서, 조직원들이 부족하다고 해서 불평불만을 늘어놓지 말자. 예수님은 온 이스라엘 사람들로부터 지지를 받기보다는 비난을 받다 결국 십자가에 못 박히시기까지 하셨다. 그런 예수님도 기도하며 그 어려움들을 이기셨는데, 하물며 우리가 여러 어려움들을 앞에 놓고 변명만 늘어놓을 수 있겠는가?

넷째, 성과를 공유하라

최근 미국 기업 최고경영자들의 연봉과 성과급에 대해 논란이 많다. 천문학적인 - 그렇다고 까무라치게 놀랄 정도라고 보진 않지만 - 규모에 대해서도 그렇지만, 직원들과의 연봉 격차가 너무 크다 보니 그런 비난을 피하기가 어려울 수밖에 없다.

리더의 역량이 중요한 건 사실이다. 그 어떤 조직 구성원도 리더의 한계를 뛰어넘을 수가 없기 때문이다. 문제는 좋은 성과가 났을 때 리더 자신의 노력에만 초점을 맞춘다면 문제가 생길 수밖에 없다는 것이다.

예수님은 하나님 나라를 여시고, 하나님이 원하시는 바대로 우리가 행동하길 꿈꾸셨다. 그래서 예수님의 부활은 2천 년 전 제자들에게나 지금의 우리에게나 동일하게 의미 있는 일이 되었다. 부활을 꿈꾼다는 것. 이것이 아무나 가질 수 있는 희망이겠는가?

리더는 좋은 성과가 났을 때 반드시 그 성과에 대해 모든 사람이 참여할 수 있는 기회를 주어야 한다. 성과를 내는 것도 능력이지만, 그 성과에 대한 배분도 리더의 능력이기 때문이다. 성과를 공유할 때 우리는 하나 된 팀으로서 소속감을 더욱 깊이 느끼게 된다. 아무리 훌륭한 조직도 위기에 빠질 수가 있다. 하지만 소속감이 없으면 위기를 극복하기가 힘들어진다. 좋은 일을 나눠야 나쁜 일에 대해서도 협력하고 힘을 합할 수가 있다. 평소에는 전혀 신경 쓰지 않다가도 어려움을 겪고서야 연락이 오고, 협력을 구하는 경우가 얼마나 많은가? 받고자 하는 대로 준다면 우리에게 '외로움'은 존재할 수 없다!

다섯째, 책임을 져라

이 세상 일이 내 마음대로 되면 얼마나 좋겠는가? (이런 마음이 들 때는 〈브루스 올마이티〉라는 영화를 한 번 보라) 이 세상 일이 다 예측된다면 얼마나 좋겠는가? 아쉽지만 우리는 기대한 것을 이루기 위해 노력할 수는 있어도 그것을 항상 기대한 대로 해낼 수는 없다. 언제나 우리의 의지와 상관없이 어떤 일이 잘못된 결과를 낳을 수 있는 여지가 존재하기 때문이다. 수많은 조직들이 위기에 빠지고, 수많은 리더들이 자신들의 리더십으로 인해 엄청난 피해를 만들어 내곤 한다.

이때 중요한 것 중 하나가 바로 책임지는 자세이다. 성과를 내는 리더가 멋진 건 사실이지만, 성과가 나지 않았을 때 그 책임을 누군가에게 돌리지 않고 스스로 지는 사람도 무척 멋진 사람이다.

CEO라는 직함을 한글로 옮겨 보면 '최고 의사결정권자' 정도가 될 것 같다. 즉, 마지막으로 최종 결정을 내리고 모아진 정보를 통해 의사 결정을 하는 직책이다. 문제는 자신은 옳은 결정을 내렸어도 모여진 정보에 문제가 있을 경우, 그 결정은 엉뚱한 결과를 야기할 수밖에 없게 된다. 이때 그 잘못된 정보를 파악하고, 그와 같은 일이 다시는 반복되지 않도록 관리하는 건 자신의 임무일 수밖에 없다. 이때 책임만큼은 스스로 져야 한다.

리더라면 최후의 순간에 자신이 책임을 져야 한다는 사실을 잊지 말아야 한다. 상황이 예상대로 돌아가지 않는다고 해서 누군가에게 책임을 전가하면 리더십은 그 순간 붕괴되고 만다. 우리는 주변에서 리더의 좋은 면만을 취하고, 불리한 면은 모두 버리려는 경우를 너무 자주 보게 된다. 법적으로는 그게 가능할지 모르지만, 우리가 가졌던 신뢰는 그 순간 무너진다. 책임을 회피하는 리더의 부끄러운 모습에서 '아, 나는 저러지 말아야지' 라는 배움을 얻는 데에는 부족함이 없을 것 같다.

리더는 어려운 역할이다. 리더십은 어려운 개념이다. 쉬우면 누구나 하겠지만, 리더 부재 현상을 보면 어려워도 보통 어려운 게 아닌 모양이다. 그래서 리더는 존귀하고, 리더십은 소중한 학습 대상이다. 우리가 리더가 되고 싶다면 리더의 자리에 올랐을 때가 아닌, 지금 이 순간부터 노력을 해야 한다.

하나님이 우리에게 어떤 사명을 주실지 모르지만, 받고 나서 준비할 게 아니라 지금부터 준비하는 게 바람직한 태도라고 본다. 사명을 모르니 준비도 못한다고 생각하지 말자. 그런 변명이 통하지 않도록 성경은 수많은 지침들을 우리에게 선사하고 있다. 많은 리더들이 크리스천이며, 성경에서 자신의 리더십을 키워 나가고 있음을 기억하자. 그들이나 우리나 차이는 별로 없다. 같은 성경을 가지고 있고, 성경을 읽을 기회를 함께 공유하고 있으니 말이다.

팔로워 리더십(Follower Leadership)

하나님은 참 멋진 분이시다. 예수님도 참 멋진 분이시다. 그분을 표현한 그림을 봐도 멋있다. 누구를 모델로 했는지는 잘 모르겠다. 화가들이 전부 하나님을 직접 보았을 리는 만무하고, 성령의 감화 감동의 산물이거나 괜찮아 보이는 누군가를 베꼈거나 어쩌면 화가 자신의 모습으로 그렸는지도 모르겠다. 아무튼 하나님도, 예수님도 참 멋진 분이시다(그러고 보니 성령님에 대한 그림은 못 본 것 같다).

그런 면에서 우리는 참 행복하다. 하나님과 예수님 같은 분을 모델로, 리더로 모시고 있으니 말이다. 그래서일까? 예수님을 모델로 한 리더십 책이 적잖은 걸 보면 리더십 전문가들도 이 부분에 공감을 하는 것 같다. 필자가 읽은 몇 권의 책에서도 예수님을 모델로 리더십을 풀었고, 성경에서와는 또 다른 감동으로 예수님의 모습을 보았던 기억이 아직도 남아 있다.

리더십을 깊이 연구해 보면, 나 혼자 북 치고 장구 칠 수 없다는 걸 금방 알게 된다. 그래서 리더십은 항상 두 사람 이상의 복수 인격체 사이에서 형성되고, 한 명 혹은 극소수의 그룹만이 전체의 리더가 되는 게 보통이다. 그래서 리더는 아무나 할 수 없고, 매우 까다로운 조건을 충족해야만 한다.

그런데 그런 리더 찾기가 하늘의 별 따기인 모양이다. 여기저기서 리더가 없다고 불평하고, 여기저기서 리더십 부재라고 비난하는 걸 보면 리더라는 자리가 굉장히 힘든 자리인 것만은 분명하다. 그래서 없는 리더, 부족한 리더를 두고 우리는 늘 불평을 한다. 하지만 별볼일없는 사람을 리더로 앉혀 두고, 따르는 사람들이 성심성의껏 그 사람을 섬긴다면 어떨지 생각해 보자.

'사공이 많으면 배가 산으로 간다.' 라는 속담이 있다. 필자는 이 속담을 '사람들이 마음의 힘을 합하면 배를 산으로도 보낼 수 있다.' 라고 해석하기도 한다. 그만큼 단합된 힘이 크고, 그 힘은 평범한 리더를 위대한 리더로 만들 수 있는 힘이 된다.

예수님은 참으로 위대하신 리더이다. 하지만 예수님을 믿고 따르는 우리가 위대한 팔로워가 아니라면, 예수님의 리더십은 반쪽짜리 리더십에 그치게 된다. 결국 위대한 리더는 위대한 리더십과 위대한 팔로워십의 결합이라고 볼 수 있는 셈이다. 우리가 세상에 예수님을 알리고 증거하기 원한다면 우리는 예수님의 위대한 팔로워가 될 수 있어야 한다.

위대한 팔로워는 위대한 리더의 행동을 따른다

대부분의 리더들은 자신의 생각을 말로 전한다. 안타까운 것은 우리가 접하는 대부분의 리더들의 말을 나중에 다시 접할 수 없다는 것이다. 그들의 이야기가 글로 남아 있지 않기 때문이다. 요즘은 녹음, 녹화가 가능하다고 해도 대부분의 리더들의 이야기를 다시 접하기 힘든 이유는 다시 똑같은 시간을 들여서 녹음, 녹화된 내용을 접하는 게 만만하지 않기 때문이다(시간 부족에 시달리는 현대인들에게 경험한 내용을 다시 똑같이 반복하라는 것은 하지 말라는 말이나 비슷하다).

글로 남겨진 좋은 책들은 우리에게 많은 것들을 다시 접하게 도와주는데, 놀랍게도 2천여 년 전에 활동하셨던 예수님의 활동에 대해 우리는 놀랍도록 정확하게 - 물론 당신이 예수님의 존재와 성경의 가치를 인정하는 게 먼저다 - 다시 접할 수가 있다. 성경은 그런 면에서 그 어떤 책보다도 가치 있는 책임에 틀림없다.

예수님은 우리가 따라야 할 본보기가 되기를 원하셨고, 실제로 하나님의 뜻을 직접 몸으로 일일이 보여주셨다. 병자를 감싸 안으셨고, 약자를 보호하셨고, 심지어 죄인들조차도 품고 용서하셨다. 우리가 위대한 리더이신 예수님을 따르는 위대한 팔로워라면 우리 역시 예수님의 행동을 그대로 따를 필요가 있다. 그분보다 한 발 더 나아가는 것까지 생각하진 말자. 첫 출발은 그대로 따르는 것에서 시작해야 한다. 아이들이 처음부터 부모보다 더 '나은' 행동을 보일 리도 만무하고, 부모가 아이들에게 요구한들 쉬운 일이 아닌 것처럼, 우리는 첫 발을 내딛을 때 그대로 따를 필요가 있다.

주기도문을 외울 때마다 필자를 긴장하게 하는 문구는 '우리가 우리에게 죄 시은 사를 사하여 준 것 같이'라는 부분이다. 예수님이 죄를 사하여 주신 건 이해하지만, 우리가 죄 지은 자를 사하여 주다니 …. 원론적인 의미에서 불가능하기도 하지만, 타인의 잘못에 대해 너그러이 넘어가는 수준도 우리에게는 얼마나 힘든 것인지 생각해 보면, 예수님의 행동 하나 하나를 그대로 따르는 데에만 평생을 바쳐야 할 수도 있다. 다행스럽게도 예수님은 그런 우리의 도전을 높여 주시고, 그 과정의 부족함과 실수를 항상 너그러이 용서해 주신다. 그러니 어렵다, 불가능하다 생각하지 말고 일단 그대로 따라 보면 어떨까? 우리의 행동이 우리의 믿음을 증명해 줄 거라 확신할 뿐이다.

위대한 팔로워는 위대한 리더에 대해 끊임없이 이야기한다

예수님이 활동하시던 시절, 하나님이 선택하신 민족 이스라엘에서 예수님 이야기를 하는 건 쉬운 일이 아니었다. 하나님을 제대로 알지 못했던 탓에 예수님을 장차 오실 메시아로 인정하지 못하는 '분위기'였기 때문이다. 그래서 수많은 사람들이 예수님을 제대로 알지 못했고, 오해했고, 급기야 예수님을 십자가에 못 박고 말았다. 그 뿐인가? 예수님을 따르던 제자들을 박해하고, 그 믿음을 가진 이들의 죽음을 너무나 당연시하던 시기가 오랫동안 이어졌다.

그 피의 순교 덕분일까? 이제는 수십 '억' 명이 예수님을 믿고, 예수님을 이야기하고, TV에서, 라디오에서, 신문에서도 예수님을 이야기하기에 이르렀다. 길거리에서 예수님을 이야기해도 돌을 던지거나 감옥에 보내는 시절도 아니다. 이렇게 좋은 시절, 행복한 시절, 영광스러운 시절에 당신은 예수님에 대해 얼마나 이야기하고 있는가?

안타깝게도 필자 역시 오랫동안 예수님을 말하기를 두려워했다. 길거리에서 예수님을 이야기하는 게 부끄러웠고, 필자의 믿음을 자랑스러워하지 못했고, 필자의 신앙생활을 값지게 여기지 못했다. 그 시간들이 '부끄러운 것'이라는 것을 안지 얼마 되지도 않는다. 그래서 동네방네 예수님을 전하고 싶지만, 아직도 '동네방네' 예수님을 전하는 게 쉽지 않은 모양이다. 분명 예수님은 '땅 끝까지' 증인이 되라 하셨는데, 필자는 집안사람들에게도 예수님 전하는 게 쉽지 않다.

확실한 건, 필자의 믿음의 분량이 커지는 만큼 필자의 대화 속에 예수님의 등장도 훨씬 많아진다는 사실이다. 뭐가 우선인지는 모르지만, 과거에 비해 교회에 머무르는 시간이 많아진 것도, 필자의 글과 대화 속에 예수님이 등장하는 것도 이제 '심심찮을' 수준까지는 된 것 같다.

우리가 존경하는 리더인 링컨이나 세종대왕, 이순신 장군 이야기는 그렇게 쉬우면서 예수님 이야기는 아직도 이렇게 낯선 이유가 무엇일까? 필자가 답을 하진 못하겠지만, 우리가 예수님을 위대한 리더로 인정한다면 예수님의 이야기를 입에 달고 살아야 한다는 것만은 확실히 이야기할 수 있다. 위대한 팔로워들은 자신들이 존경하는 위대한 리더에 대해 끊임없이 이야기한다. 그래서 그들은 증인이 되고, 그들로 인해 새로운 증인이 탄생한다.

자기계발을 한 번 시작하면, 대부분의 사람들은 자신이 경험한 변화와 성장의 시간들을 자신이 소중하게 여기는 친구, 연인, 가족들에게 전달하고 싶어진다. 상대가 받아들이는 건 별개겠지만 그들은 멈추지 않고 이야기하고, 초대하고, 기다린다.

예수님과 함께한 우리의 시간이 그토록 값지다면 우리도 예수님에게로 우리의 소중한 사람들을 초대해야 하지 않을까? 전도축제에 초대하고, 예배에 초대하는 것 이전에 그들을 하나님의 자녀로, 준비된 신부로 초대하려고 노력해야 하지 않을까?

사랑이란 건 결국 자신이 가진 값진 것을 나누는 것에 있다. 하나님을 사랑하고, 이웃을 사랑하는 게 가장 핵심 계명이라고 예수님께서 말씀하셨다. 그렇다면 우리는 이웃들을 사랑하는 만큼 그들을 행복의 세계, 면죄의 세계, 구원의 세계로 초대하는 데 두려움을 느끼지 않아야 한다. 아니 그 초대 자체를 행복해하고, 그들의 거절을 안타까워하며, 지치지 않게 초대하며 기다릴 수 있다. 이유는 분명하다. 그 리더와 함께하면 이전에 경험해 보지 못한 새로운 세계를, 새로운 변화를, 새로운 성장을 경험할 수 있기 때문이다.

좋은 회사에 다니면 자신의 자녀도 그 회사에 다니게 하고 싶어지고, 좋은 학교에 다니면 자신의 자녀도 그 학교의 학생이길 바라는 게 우리의 마음이다. 우리가 하나님께로, 교회로 얼마나 초대하는지는 우리의 이웃 사랑에 대한 유일한 측정치인지도 모른다.

하나님은 땅 끝까지 복음이 전파될 때까지 심판의 시기를 미루고 계신다. 심판의 세계를 받아들이지 않는 이들에게는 지옥에 던져지는 때이지만, 하나님을 받아들인 우리에게는 천국에 들어가는 구원의 시기가 아니겠는가? 그 천국이 우리의 것이 되길 원한다면 아직도 하나님을 모르는 우리의 이웃을 초대해야 한다. 지금 우리가 경험하고 있는 이 세계로 말이다.

위대한 팔로워는 언젠가 위대한 리더가 되어 올바른 영향력을 행사한다

팔로워십의 끝은 하나다. 바로 위대한 리더가 보였던 그 모습 그대로 닮는 것이다. 어느 순간부터 우리 주위에 자신을 따르는 이들로 채워지고, 그들이 지나온 세월에 우리가 보여줬던 행동을 보여주며, 똑같이 말하고 초대하는 모습을 보면서 어느덧 우리는 리더가 된 자신을 발견하게 된다.

수많은 팔로워들은 소망한다. 리더와 같은 모습까지는 아니더라도 리더의 반, 아니 반의 반이라도 닮을 수 있도록 기도한다. 그들의 소망과 기도는 행동을 낳았고, 그 행동은 영향력이 확대되어 우리 주변 사람들에게 전달된다. 비록 가까운 이웃도 아니었고, 초대받은 이웃도 아니었지만 우리의 모습을 본 누군가의 생각이 바뀌기 시작하고, 행동이 바뀌기 시작하고, 우리 주위에 모여들고, 우리와 함께 생활하기 시작한다.

돈이 있어서가 아니라, 권력이 커서가 아니라 우리가 전하고자 했던 그 리더의 모습을 우리 자신에게서 발견했기 때문에 그들도 기꺼이 우리의 팔로워가 되길 자청하는 것이다. 예수님처럼, 바울처럼 살 수 있다면 얼마나 멋지겠는가? 그분의 말씀을 전하며 낯설고 척박한 땅을 밟았던 수많은 선교사들처럼 살아간다면 얼마나 값지겠는가? 우리의 시작으로 인해 하나님의 복음이 전해지고, 그 땅에 믿음이 굳건해진다면 얼마나 축복받은 삶이겠는가?

리더는 영향력을 통해 사람들에게 이야기한다. 예수님의 힘으로 우리의 마음을 움직이고, 행동을 제어할 수 있었을 테지만 예수님은 대화하시고, 기다려 주시고, 충고해 주셨을 뿐이다. 바로 우리 '스스로' 하는 게 중요했고, 그것이 리더십의 가장 중요한 핵심 가치이기 때문이다.

위대한 리더는 자신이 할 일을 누군가에게 미루지 않는다. 위대한 리더는 여러 사람들이 서로 다른 목표로 인해 흩어지는 걸 원하지 않는다. 위대한 리더는 혼자 독식하는 걸 원하지 않으며, 위대한 리더는 위기에 좌절하거나 작은 기회에 흥분하지 않는다. 그런 모습을 따랐던 팔로워가 어느덧 훌륭한 리더가 될 수밖에 없는 이유는 바로 팔로워십은 곧, 리더십의 출발이기 때문이다.

예수님 역시 아버지 하나님의 뜻을 따름으로써 훌륭한 리더가 되실 수 있었다. 그 고통이 예수님에게는 더 큰 가치를 얻기 위한 과정이었기에 견디고 인내하실 수 있었다. 팔로워의 길이 순탄하다고 생각하긴 힘들다. 하지만 그 가치는 비교할 수 없을 만큼 높기에, 위대한 팔로워에게는 위대한 리더가 되는 선물이 주어지는 셈이다.

이 세상의 리더가 되기 위해 우리는 오늘도 분주하게 살아간다. 더 많은 돈을 얻고자 노력하고, 더 많은 권력을 얻고자 노력한다. 더 많은 지식이 부를 결정해 줄 것 같고, 더 많은 노력이 더 화려한 결과를 보장해 줄 것만 같다. 하지만 그 모든 과정은 언제나 낮은 자로서의 노력을 전제한다.

부자가 되기 위해선 절약하는 과정이 필요하고, 위대한 권력을 얻기 위해선 낮은 자로서 인내의 시간이 반드시 필요하다. 수십 년 직원으로서의 시간이 지나야 최고경영자의 자리에 오를 수 있고, 수십 번 실패의 경험을 딛고 일어서야 훌륭한 기업인이 될 수 있다. 이렇듯 화려한 리더십은 언제나 길고 힘든 팔로워십을 요구하고 있는 셈이다. 우리는 되고자 하는 리더십에 준하는 팔로워십으로 무장하고 있을까? 그 리더십이 주는 달콤함이 오랜 쓴맛의 결과물이라는 것을 알고 있는가?

이제라도 리더십을 제대로 볼 때가 왔다. 오늘부터라도 훌륭한 팔로워로서의 삶을 시작해 보자. 타인을 섬기고, 타인을 높이는 삶을 시작해 보자. 예수님도 제자들의 발을 씻기시고, 나병환자를 만지시고, 가난한 자들을 안으셨다. 우리가 예수님을 진정한 리더로 생각한다면, 이제 답은 간단하다.

오늘부터 우리, 아니 '나' 는 위대한 팔로워로서의 첫발을 내딛어야 한다!

코랄 리더십(CHORAL Leadership)
직원이 평범하다고 해서 조직이 평범하라는 법은 없다!

예나 지금이나 1차 산업에 종사하는 이들을 대상으로 존경심을 갖는 경우는 드문 편이다. 물론 세상이 그분들을 그렇게 대한다고 해서 그분들이 실제로 그런 건 분명 아닐 것이다. 다만 시대가 달라져도 인간의 욕심은 변함이 없는 것인지, 늘 새로운 것, 늘 더 나은 것(실제로 더 나은지는 모르면서도)을 추구하는 본성 때문인지, 한결같은 노력과 모습을 갖추어야만 하는 분야에 대해서는 외면하기 일쑤이다.

그중에서도 물 위에서 일하는 어부는 유난히 거친 직업으로도 정평이 나 있다. 땅 위에서야 천재지변이 흔치 않고, 비바람이 몰아쳐도 피할 곳이 수두룩하지만, 바다에서는 폭풍우를 한 번만 만나도 삶과 죽음의 경계가 지어지다 보니 쉽게 시도하지도 않고, 그 직업에 대해 존경심을 갖기는 더더욱 힘들지 않았나 생각해 본다.

이런 세상의 풍조 속에서 어부 베드로를 통해 '사람을 낚게' 하신 예수님의 리더십은 정말이지 상상을 초월하는 리더십임에 분명하다. 열두 제자가 모두 어부인 것은 아니지만, 요즘의 리더십으로 본다면 당대 최고의 인재를 뽑아서 중요한 자리에 배치하는 게 정상인데, 예수님은 적어도 시작을 정반대, 그것도 말리고 싶을 정도로 말도 안되는 선택을 통해 놀라울 정도의 결과들을 만드신 것이다.

사람의 차이는 크지 않다

인정하기 힘들지는 몰라도, 사람 한 명 한 명의 차이는 그다지 크지 않다. 자기계발과 성공을 가르치는 필자가 이런 이야기를 하니 어색해질지는 모르겠지만, 분명 한 사람 한 사람의 객관적 역량 차이는 그다지 큰 편이 아니다. 어쩌면 하나님은, 하나님의 관점에서 지극히 평등한 인간을 창조하신 게 아닌가 싶을 정도이다. 자기계발 전문가들이 잠재력에 대한 부분을 입이 닳도록 언급하는 것도, 하나님이 주신 능력의 격차가 사실상 거의 없다는 반증이 아닌가 싶다.

누구든지 자신이 지닌 잠재 역량을 개발할 수 있고, 그 잠재 역량을 개발할 때 이전과는 비교할 수 없을 정도의 놀라운 성과를 내기 시작한다. 문제는 그 잠재 역량이라는 게 스스로 일깨우기가 너무 힘들다는 데 있다. 웬만한 노력을 기울여 본들 스스로 개발할 수 있는 역량 개발의 한계는 존재하기 마련이고, 우리는 더 나은 능력을 개발할 수 있는 방법을 찾아 매일 매일 고민하며 살아간다.

역량을 개발하는 여러 가지 방법 중에서 '교육'은 가장 효과적인 내안임이 분명하나. 그중에서도 '멘토링/코칭'은 수전 년 인류 역사를 통틀어서도 가장 앞선 기법으로 자리매김된 기법이다. 예수님은 멘토링/코칭 분야의 기준으로 볼 때, 모범을 넘어 완벽이라 표현할 수 있는 능력을 발휘하신 분이고, 그분의 멘토링/코칭을 통해 평범했거나 문제가 있었거나 손가락질 받았던 이들이 놀라운 변화를 경험하고, 자신이 경험하고 깨우친 바를 땅 끝까지 전해 오늘에 이르기까지 한 것이다.

지금 이 글을 읽고 있는 독자가 자신을 어떻게 평가할지 잘 알 수 없지만, 부정적이거나 자포자기 상태라면 이 글을 읽고 희망을 가져 주었으면 좋겠다. 분명 인간 개개인의 역량의 차이는 크지 않고 공평하다는 사실을 ….

탁월한 리더는 구성원을 탓하지 않는다

자신이 지휘할 구성원을 뽑을 수 있는 권한이 있는 리더는 행복하다. 구성원을 선택할 때, 선택 대상이 뽑을 사람의 몇십, 몇백 배 정도가 있다면 행운아라 할 수 있다. 대부분의 리더는 사실, 자신의 리더십을 발휘할 조직원을 결정할 권리를 갖지 않고 시작한다. 리더십의 한계는 바로 여기서부터 시작한다.

최근 '인재'라는 키워드가 계속 화두로 오르는데, 막상 현장에 가 보면 인재가 없다고 아우성이다. 그런 이들이 한두 명이 아닌 걸 보면, 정말 눈에 띄는 인재가 없긴 없는 모양이다. 그런데 정말 적합한 인재가 전혀 없는 걸까? 막상 찾아보면 전혀 없는 것도 아닌 모양이다. 이름만 대면 알만한 기업들이 인재를 확보하기 위해 엄청난 투자를 하는 걸 보면, 분명 어딘가에는 검증된 인재가 존재하기도 하는 모양이다. 문제는 누가 봐도 인재인 사람은 한정되어 있고, 한정된 인재를 확보하는 데 너무 많은 비용과 투자가 이뤄지다 보니 대부분의 리더들은 자신의 조직에 그런 리더를 확보할 수 없는 상황에 이르렀다는 점이다.

게다가 현대 대부분의 업무는 인재 한 명이 해낼 수 있는 수준을 넘어선지 오래다. 천재 한 명의 역할이 없다고 말할 수는 없지만, 어떤 업무든 한 명이서 할 수 있는 업무는 없다고 해도 과언이 아니다. 그런 점에서 한 명, 한 명의 천재만을 찾고, 인재만을 찾는 현재의 풍토가 경영에 얼마나 도움이 될지 의심스럽기만 하다. 게다가 그런 천재 인재에 대한 지불 비용에 대해서 생각해 본 일이 있는가? 정확히는 모르지만, 그 한 명에게 막대한 비용을 지불할 수 있는 기업은 손에 꼽을 정도일 것이다. 괜스레 천재 경영, 인재 경영에 휩쓸리기보다는 조직의 역량을 극대화해서 업무의 결과를 내는 게 더 중요한 게 아닐까?

불협화음을 피하기보다 반음을 내리면 어떨까?

한 방송 프로그램에서 우리가 알고 있는 평범한 곡을 전부 단조 형태로 바꿔서 부르는 팀을 본 적이 있다. 보통 장조 곡을 단조로 바꾸면 분위기가 침울해지고 스산해진다. 중요한 건 전체 팀원들이 모두 단조로 불렀다는 것이고, 곡의 분위기는 바뀌었지만, 여전히 그 곡은

곡으로서 존재했다는 것이다.

인간이 만드는 팀 중에 완벽한 팀이 있을까? 분명 없을 것이다. 그런 팀원을 솎아 낸다면 어떤 일이 벌어질까? 아마 팀의 결속력은 붕괴되고 말 것이다. 남은 팀원들 사이에서 자신도 퇴출 대상이 될 수 있다는 공포감이 조성될 것이기 때문이다. 실제로 한 회사가 구조조정을 한 이후 직원들의 동기부여를 위해 필자가 강사로 투입한 적이 있는데, 정말이지 아직까지도 가장 힘들었던 강의 중에 하나로 기억하고 있다. 희망이 사라진, 공포와 두려움만 남은 조직에 외부 동기부여 강사가 들어간다고 해서 동기부여가 될 수 있을까? 답변은 독자들에게 맡겨 본다.

그렇다면 기존의 팀 속에 최고의 인재를 넣으면 어떻게 될까? 잘 짜여진 합창단을 발전시키겠다고 세계적인 솔로를 투입하면 화음은 곧 무너지고 만다. 솔로는 자신의 목소리가 청중들에게 잘 들려지게끔 부르지만, 합창단은 자신의 목소리가 전체의 소리에 잘 섞여지도록 부른다. 어느 편이 더 좋은 화음을 만들겠는가? 실제로 유명한 솔리스트들은 합창단에 섞여 활동하는 것을 꺼린다고 한다. 자신의 목소리의 개성이 사라지기 때문이다.

일부 조직원들이 정해진 기준에서 벗어난다고 해서 그 조직원들을 퇴출시키려 하지 말라. 가족같은 회사라고 아무리 주장해도, 어려운 순간에 그들을 대하는 태도들을 보면 리더의 마음속에 어떤 '진실한' 마음이 자리잡고 있는지 알 수 있다. 힘들다고 가족이 구성원을 버린다는 게 말이 되는가? 오히려 힘들수록 가족 간에 더욱 힘을 합치고 결속력을 다져 어려운 시기를 이겨내는 게 정상이 아니겠는가? 우리가 진정 조직을 위한다면 기준을 바꾸어 모두가 반음을 낮춰 주는 편이 화음에 더 어울리지 않겠는가?

예수님의 인재 선출 원칙은 진실한 마음이었다

진실은 결국 이긴다. 우리가 보기에 예수님이 이상하리만치 특별한 사람들을 고르신 이유는, 우리가 갖고 있는 여러 가지 기준과는 전혀 다른 기준으로 선발하셨기 때문이다. 우리는 재산을 보고, 직위를 보고, 외모를 보고, 역량을 보지만, 예수님도 하나님도 항상 마음의 중심을 보시고 인재를 선발하셨다. 그게 하나님의 사람이고, 그런 사람에게 하나님은 큰 은혜를 베풀어 주셨다.

이스라엘의 위대한 영웅인 다윗이 이새의 막내아들이었음을 기억하는가? 사무엘조차도 마음을 주었던 다윗의 형을 고르지 않으시고, 그 자리에 있지도 않았던 막내를 불러 기름을 부으셨던 하나님은 블레셋과의 전투에서 다윗이 어떤 인물인가를 보여줌으로써 그의 진정한 능력을 증명하셨다. 몸집도 작고, 전투도 치러본 적이 없는 다윗이었지만, 자신의 양떼를 지키기 위해 사자도 눕혔던 용맹함과 더불어 하나님에 대한 전적인 믿음 하나로 블레셋과 맞섰고, 온 이스라엘 군대를 공포로 떨게 했던 골리앗을 단 한 번의 일격으로 쓰러뜨렸다.

생각보다 행동이 먼저였던 베드로가 없었다면 갈릴리 호수 위를 걸었던 그의 이야기를 우리는 듣지 못했을 것이고, 예수님을 보려고 키

작은 삭개오가 나무 위에 올라간 이야기를 듣지 못했다면, 세리에 대한 구원의 기회가 주어짐을 우리는 알지 못했을 것이다. 그렇게 예수님은 세리에게, 어부에게, 과부에게 구원의 기회를 베푸셨고, 이스라엘의 다수를 차지했던 소외받은 이들을 하나님 앞으로 나오게 하시는 데 성공하셨다.

리더십은 영향력이다. 아무리 화려한 말과 기술로 무장해도, 진실된 마음을 갖지 못한다면, 진실된 마음을 읽어내지 못한다면 어떤 리더십도 조직을 이끌어 목표를 달성하는 데 이르지 못할 것이다. 리더십의 가장 중요한 요소가 무엇일까 고민하지 말자. 우리가 크리스천이라면 예수님처럼 리드하면 되고, 하나님처럼 사람을 바라보면 될 것이다. 때로는 그 결정이 주변 사람들에게 공감을 얻지 못하고, 때로는 비난을 받기도 하겠지만, 진실이 이긴다는 사실을 우리가 믿는다면 결국 성과로, 결과로 비난하던 이들의 입을 닫게 하지 않겠는가.

화음이 이뤄진 음악은 마음을 연다

훌륭한 화음으로 가득찬 음악은 청중의 마음을 열게 하고, 감동을 받은 마음은 변화된 삶으로 우리를 이끌어 간다. 아무리 강한 힘으로 누군가를 바꾸려 해도, 인간은 타고난 고집으로 자신의 변화에 저항하는 게 보통이다. 강한 바람으로는 나그네의 옷을 벗기지 못한다. 어떤 강압도 결과적으로 변화를 끌어내지 못한다. 마음이 담긴, 감동이 담긴 리더십만이 결국 조직 전체를 옳은 방향으로 이끌어 감을 기억하자.

좋은 화음을 내기 위해서는 나의 목소리를 없애야 한다. 오직 하나의 합쳐진 목소리가 필요하다. 수십 명의 단원들이 하나의 화음을 낼 때, 사람들은 그 결과에 대해 찬사를 보내고, 그간의 노력에 박수를 보낸다. 코랄 리더십은 모두가 화음이라는 결과를 내는 데서, 우리의 마음이 하나로 합쳐지는 데서 시작한다는 것을 의미한다.

마음을 읽는 리더, 마음을 여는 팔로워, 마음이 합쳐진 화음으로 만들어지는 멋진 음악! 우리가 지향하는 리더십이 하나님의 마음, 예수님의 안목에서 시작한다면 얼마나 멋진 결과를 만들어낼지 상상해 보자. 그 상상은 시작부터 당신의 마음을 뜨겁게 할 것이라 믿어 의심치 않는다.

에필로그

전 세계가 서로에게 영향을 주고 받는 21세기. 백여 년 전부터 시작된 하나님의 한국 사랑은, 한국의 기독교가 세계의 리더가 되도록 해 주었습니다. 한국 기독교의 양적 팽창과 한국의 질적 성장은 전세계가 교과서처럼 배우려 노력하는 중입니다. 안타까운 것은, 정작 한국 안에서 한국 기독교의 위상은 상대적으로 낮게 머물러 있다는 것입니다. 이 땅을 사랑하고, 이 땅을 위해 기도해 온 수많은 믿음의 선배들에게 부끄러운 일이며, 하나님께 죄송한 일이 아닐 수 없습니다.

대체로 하나님의 역사는 하나님을 믿는 믿음의 자녀들을 통해 이루어져 왔고, 그 결과는 기적이라 불릴 만한 것이었습니다. 한국 기독교의 양적 성장이 하나님의 은혜라면, 이제 한국 기독교의 질적 성장 역시 하나님을 통해 이루어져야 하겠습니다. 그런 점에서 성경을 통해 성공의 기술을 조명하는 것은 제게도 귀한 도전이었고, 그 여정의 첫 결과물을 세상에 내놓을 수 있게 되었습니다.

이 책에 실린 내용들이 완벽하다는 자만은 버린 지 오래입니다. 다만, 그냥 불가능하다고 치부해 버렸던 많은 부분들에 대해 실상은 가능하다는 것을 말하고 싶었고, 하나님의 말씀 속에는 우리가 발견하지 못한 수많은 성공의 기술들이 담겨 있다는 것을 말하고 싶었습니다. 하나님은 자신의 자녀들이 세상 속에서 성공하기를 바라고 계시고, 그 성공을 통해 하나님의 귀한 은혜를 전파하고, 세상 사람들을 사랑하기를 바라고 계십니다. 그 점에서 이제 크리스천들은 하나님 안에서 세상의 귀한 리더로 성장해야 할 의무가 있다 하겠습니다.

하나님의 말씀을 세상의 언어로 전하는 전도자가 되겠다는 사명을 가진 저를 지금까지 이끌어 주신 많은 믿음의 동료, 선배, 후배들에게 감사를 드리며, 이 책을 통해 그분들의 노고가 헛되지 않았음을 말씀 드리고 싶습니다. 아직 성경 속에 있는 수많은 진리를 다 알지도, 이해하지도 못하지만, 이제 시작하는 사람으로서 좀 더 성경을 알아갈수록 더 귀한 이야기를 여러분께 들려 드릴 것이라 자부하고, 이를 제 귀한 의무로 여기겠습니다. 이 책을 읽은 분들께서 귀한 소감을 저에게 들려주신다면 좋은 조언이라 여기고 더욱 정진하겠습니다. 아무쪼록 이 책이 하나님의 말씀을 접하고자 하는 분들에게 작지만 귀한 안내서가 될 수 있기를 소망합니다.

여호와를 경외함이 진리의 근본임을 믿으며,
하나님의 자녀들의 성공을 오늘도 확신합니다.

라이프 디자이너, 백기락 Dream